MARKETING DIGITAL
EN SU CLÍNICA ESTÉTICA

MARKETING DIGITAL EN SU CLÍNICA ESTÉTICA

BENITO NOVAS

Y

TAMARA PÁEZ

Número de Control de la Biblioteca del Congreso de EE. UU.:   2018911350
ISBN: Tapa Dura   978-1-5065-2677-5
               Tapa Blanda   978-1-5065-2676-8
               Libro Electrónico   978-1-5065-2675-1

Para realizar pedidos de este libro, contacte con:
Palibrio
1663 Liberty Drive
Suite 200
Bloomington, IN 47403
Gratis desde EE. UU. al 877.407.5847
Gratis desde México al 01.800.288.2243
Gratis desde España al 900.866.949
Desde otro país al +1.812.671.9757
Fax: 01.812.355.1576
ventas@palibrio.com
785835

ÍNDICE

CAPÍTULO 1

El panorama actual del marketing digital. Aspectos y tendencias a considerar

Antes de abordar este libro es necesario aclarar lo que significa marketing. El término "marketing" proviene del vocabulario inglés que significa mercadeo. Muchos autores lo definen de diferentes maneras, según Philip Kotler (citado en Wikipedia, 2017), es "el proceso social y administrativo por el que los grupos e individuos satisfacen sus necesidades al crear e intercambiar bienes y servicios", mientras que para la AMA (citado en Wikipedia, 2017) el marketing es considerado como "una actividad, un conjunto de instituciones y procesos para crear, comunicar, entregar e intercambiar ofertas que tengan valor para los clientes, los socios y la sociedad en general". También se ha definido como una filosofía que sostiene que la clave para alcanzar los objetivos de la organización reside en identificar las necesidades y los deseos del mercado objetivo y adaptarse a estos para ofrecer las satisfacciones deseadas por el mercado de forma más eficiente que la competencia.

Actualmente, con el crecimiento desmesurado de la tecnología, un nuevo tipo de marketing ha estado ganando popularidad, y es el llamado "Marketing digital". Este está caracterizado por la combinación y utilización de estrategias de comercialización en medios digitales, es decir, el mismo marketing (general) pero utilizando dispositivos electrónicos, tales como computadoras personales, teléfonos inteligentes, teléfonos celulares, tabletas, Smart TV y consolas de videojuegos, con el fin de involucrar a las partes interesadas. El marketing digital aplica tecnologías y plataformas, tales como sitios web, correos electrónicos, aplicaciones web (clásicas y móviles) y redes

1

sociales. También puede darse a través de los canales que no utilizan internet como la televisión, la radio, los mensajes SMS, etc.

En este libro nos enfocaremos en cómo el marketing digital puede ayudar, primordialmente, a médicos estéticos y cirujanos plasticos. Así como un medical SPA o negocio estético. A continuación, comentaremos un poco sobre la tendencia actual de este tipo de marketing.

Consideraciones iniciales a tener en cuenta:

Incremento y dependencia de los dispositivos móviles

Cada vez son más las personas que dependen diariamente de sus dispositivos móviles en la cotidianidad y, seguramente, esto le estará sucediendo a usted.

En la actualidad, raramente alguien va a alguna parte sin un dispositivo móvil, por ejemplo, cuando alguien está comprando algo, puede estar hablando con un amigo por teléfono, escuchando un *podcast* o, lo más probable, buscando mejores precios acerca de un determinado producto a través de la web de su equipo móvil. La dependencia de los dispositivos móviles sigue aumentando cada día a un ritmo muy rápido, y esto se debe, en gran parte, a la facilidad de obtener acceso a internet en casi cualquier parte del mundo. En promedio, un 75 % del tráfico en línea viene de este tipo de dispositivos.

Esta tendencia no puede ser ignorada (a menos que no le importe ser sobrepasado por su competencia); por lo tanto, su dispositivo móvil es uno de los elementos más importantes para lograr tener éxito en el marketing digital.

Dependencia de las sociedades al momento de adquirir un producto y/o servicio "prueba social"

¿Cuándo fue la última vez que publicó algo en Facebook que comenzaba con...? "Estoy pensando en comprar tal cosa, ¿qué piensan de eso?" o, tal vez algo como, "¿Alguien conoce un buen lugar para hacer tal actividad?" La mayoría de nosotros acudimos a nuestro círculo de amigos o a nuestro entorno social para conseguir consejos cuando se compra un producto o servicio, ya sea para disuadirnos de lo que podríamos hacer o ayudarnos a reconfirmar una decisión de compra. En otras palabras, se pudiera decir que se están combinando la manera de comprar con las exploraciones sociales, principalmente, en las redes sociales, en el perfil de las compañías con las que se pretende hacer negocios. Gracias a este recurso cada vez más nos basamos en la cantidad de comentarios positivos y negativos que pudiera tener una compañía y todo esto tiene una gran influencia en la decisión de adquirir o no el producto y/o servicio.

Reducción de la necesidad de estar "frente a frente"

Hay muchas razones por las que las personas, cada vez más, acuden a la red para comunicarse virtualmente y se debe, principalmente, a que los costos para realizarlo son más bajos que hacerlo directamente, ya que es antieconómico viajar por todo el mundo, quedarse en un hotel, cenar en restaurantes, tomar taxis y, todo el trabajo que tomaría para ir a conversar con alguien, a menos que sea una reunión de negocios muy importante.

Actualmente existen muchas maneras de comunicarse a distancia pero hay métodos que están ganando fama cada vez más: los videochats, las videoconferencias y las transmisiones en vivo, entre otros.

En fin, poco a poco la comunicación "frente a frente" está siendo desplazada por la comunicación "cámara a cámara".

El "boom" de la videomanía

A continuación, mencionaremos algunos datos estadísticos que lo ayudarán a entender mejor por qué es necesario aprovechar el video en el marketing:

- YouTube es el segundo motor de búsqueda en línea más grande del mundo.

- El 80 % de la gente recuerda los anuncios de video que vieron.

- Un tercio de toda la actividad en internet trata sobre videos.

- Es 60 % más probable que los consumidores que vean un video sobre un producto en particular, lo compren.

- Los anuncios de cirugías plásticas que contienen video reciben 400 % más *leads*.

- Las tasas de conversión de subscriptor a *lead* se incrementan en un 51 % cuando un video se incluye en la campaña.

- Casi todos los que ven un video dicen que es útil al tomar una decisión de compra de un producto.

- Es 50 veces más probable que su sitio web aparezca en la primera página de Google, si contiene un video.

- Las tasas de clics en correos electrónicos se incrementan de dos a cuatro veces cuando se incluye un video.

- El 75 % de los médicos ven videos relacionados con la profesión, al menos una vez a la semana.

- La estadística más impresionante es la siguiente: ¡En 30 días, se ha subido más contenido de video de los que han creado las 3 cadenas de televisión principales en los Estados Unidos durante 30 años!

Todo hacia la red

Cada vez son más las personas que se dirigen a la red. Muchos niños con edades promedio de doce años, acceden a redes sociales con movimientos en millones de dólares; adultos que solicitan comida de pequeñas pizzerías a través de la red; restaurantes que tienen diferentes aplicaciones a través de las cuales manejan activamente sus comentarios en Facebook, Yelp y Foursquare; adultos mayores tuiteando y amigos con los que se ha perdido contacto están jactándose de sus 50 000 seguidores en Pinterest. Y la lista sigue, sigue y sigue. Esta tendencia no cambiará.

Si otros comercios lo utilizan, entonces, usted como médico estético, puede hacerlo.

Inversión baja en tecnologías nuevas y adicionales

Lo bueno del marketing digital es que no exige, obligatoriamente, la necesidad de utilizar grandes cantidades de equipos costosos. La ventaja de la tecnología (en nuestra opinión) es que siempre podrá optar por soluciones basadas en la red y, por lo tanto, cuando compre cualquier dispositivo, es necesario que sepa que lo puede hacer a través de esta a un precio mucho más económico que el que podría encontrar en una tienda física.

Cinco cosas importantes que necesita hacer para dominar los nuevos tiempos

Esto es lo que necesita hacer:

- Reconocer que los tiempos y las tendencias están cambiando.

- Realizar una revisión profunda de su marketing en línea para solicitar retroalimentación. Necesita un diagnóstico y análisis previo antes de iniciar.

- Tomarse en serio la retroalimentación y empezar a implementar los cambios. Requiere tiempo; los resultados no se verán inmediatamente.

- Invertir en nuevas tecnologías. Necesita destinar un presupuesto claro si quiere destacarse de sus competidores

- Capitalizar y tomar ventaja del mercado mientras la competencia permanezca en la negación e ignorancia.

Importancia de las redes sociales

Hace alrededor de diez años, se oía frecuentemente: "No creo que realmente necesite un sitio web". Esta era una frase común porque los médicos no podían ver a dónde se dirigía la industria. No decimos que estuvieran equivocados por tomar esa decisión, pero aquellos que se subieron al vagón más temprano (usuarios pioneros) pudieron cosechar la mayoría de las recompensas.

Incluso, en estos días, aún escuchamos de muchos médicos que no sienten la necesidad o no perciben el valor de las redes sociales. La mayoría entienden la importancia de tener un sitio web, pero muchos no pueden ver el valor de su potencial.

Las redes sociales son la primera actividad en la que los latinoamericanos pierden su tiempo. El tiempo que las personas pasan inmersas en el mundo de las redes sociales sobrepasa a muchas otras actividades en la web.

Regularmente escuchamos la pregunta: "¿Realmente necesito las redes sociales?", es la frase de moda y de la que más se habla en el marketing digital. La respuesta a esta pregunta es que, sí la necesita, ya que es una tendencia social que continuará expandiéndose al punto de llegar al mercado de más redes sociales y esto seguirá así mientras los usuarios sigan deseando más comunicación y, especialmente, si esta es altamente inalámbrica y móvil.

Las redes sociales se han vuelto complicadas últimamente ya que presentan una gran cantidad de contenidos y opciones que hacen un poco difícil y desmotivante usarlas. Existen libros que tratan acerca de las plataformas de las redes sociales e, incluso, existen revistas periódicas dedicadas a algunas de estas redes. Y es por eso que queremos enseñarle más adelante y de un modo mucho más simple que las tácticas de marketing en las redes sociales sí funcionan. Preferimos que tome acciones simples y beneficiosas en lugar de intentar hacer 20 cosas diferentes en cada red social.

Un punto adicional para tener en cuenta es que, para el momento de la publicación de este libro, probablemente ya habrá una nueva plataforma exitosa acerca de una red social y que ya tenga varios millones de usuarios registrados. Es por eso que son muy interesantes para este tipo de marketing. Más adelante tocaremos a fondo este punto.

* El futuro cercano de la tecnología digital en la sociedad

Para tener éxito en el marketing digital hay que estar al tanto de los últimos avances y saber cuáles son las tendencias que están marcando el día a día en la sociedad. Aquí les mostramos una lista y sus posibles aportes en el futuro cercano:

- **Dispositivos móviles:** los teléfonos inteligentes evolucionarán para rivalizar con las computadoras. Por medio de su dispositivo usted podrá pagar cualquier cosa y registrar todos los acontecimientos de su vida incluyendo su informacion médica.

- **Video:** la mayoría de las grabaciones que haga serán desde una tableta o un teléfono inteligente. Ya no será necesario contratar un estudio de video para producir material de alta calidad.

- **Anuncios:** los anuncios tradicionales serán remplazados por los anuncios nativos. Las vallas publicitarias saldrán del mercado. Todo el mercado de anuncios dará una vuelta de 180 grados. El marketing de los correos electrónicos será remplazado por anuncios en redes sociales y por mensajería SMS.

- ***Blogging***: el *blogging* se mantendrá fuerte como uno de los mejores lugares para publicar contenido y atraer tráfico orgánico. Sin embargo, las publicaciones cortas de blog ya no serán la norma. Se esperarán libros electrónicos completos, infografías y artículos técnicos.

- **Búsquedas:** Google, como siempre, mantendrá evolucionando su plataforma. Habrá varios cambios de búsqueda que destruirán el escalafón de muchas compañías, manteniéndose solo las que son realmente auténticas. Las redes sociales y las búsquedas irán de la mano. Será prácticamente imposible categorizar su sitio web sin la presencia de, al menos, una de las grandes redes sociales.

- **Redes sociales:** empezarán a surgir cientos de miles de redes sociales más pequeñas y más privadas y muchas serán hechas por personas comunes con tecnología de código abierto.

Aunque muchas cosas ya se realizan actualmente, dentro de muy poco serán más comunes y frecuentes y, por lo tanto, habrán desplazado el sistema que conocemos como tradicional.

CAPÍTULO 2

Importancia de una revisión integral de su plataforma web y sus estrategias de marketing

Una revisión de este tipo consiste en obtener una visión de todos los ángulos posibles de su plataforma web, con la finalidad de saber dónde están las fallas para corregirlas o qué hace falta eliminar o agregar en el sistema para mejorar el rendimiento del negocio planeado o establecido, en otras palabras, es utilizar mejores estrategias de mercadeo con la finalidad de maximizar sus ganancias. A continuación, le explicaremos, brevemente, un ejercicio relacionado con este punto:

Ejercicio práctico: cómo realizar una revisión integral y profunda de sus estrategias en red.

Hacer una lista: lo primero que debe hacer es una lista de todas las personas que tienen contacto con sus actividades de marketing.

Por ejemplo su director médico, director de marketing, coordinadores de pacientes, vendedores, enfermeras, asistentes médicos, proveedores, socios y pacientes. La clave aquí es asegurarse de que no esté dejando a nadie por fuera. Si excluye a alguien no obtendrá totalmente una revisión profunda.

Crear las encuestas: luego construya de dos a tres encuestas para que esas personas las llenen.

La primera encuesta irá dirigida a todos sus empleados internos, la segunda a sus distribuidores/socios, si aplica, y la última a sus pacientes. Hay que tener en cuenta el número de pacientes a los que se quiera encuestar o seleccionar a solo a algunos de ellos, ya que esto depende mucho de la cantidad que tenga. Si tiene una práctica poco extendida, le recomendamos que se las envíe a todos sus pacientes. Si tiene una práctica más grande, con miles de pacientes, envíe lo suficiente como para obtener una buena respuesta. Los márgenes de respuesta promedio varían del 0,5 a 5 %. Aunque hay casos en que superan el 90 %.

Es muy importante que las envíe solo por medio electrónico. Al enviar encuestas electrónicamente, tiene una probabilidad mucho más alta de obtener una respuesta. Varias herramientas para encuestas, estarán disponibles en la web para ser utilizadas, como *www.surveymonkey.com, www.zoomerang.com, www.keysurvey.com* e, incluso, *Google Forms.*

Procure que sus encuestas sean cortas con la finalidad de incrementar su margen de respuesta.

De una especie de incentivo para que sus aliados externos, socios o pacientes las llenen y con esto aumentará su margen de respuesta (por ejemplo, ofrézcales un 10 % de descuento en su próxima visita).

Personalizar la encuesta a sus necesidades: modifique cualquier punto en la encuesta para que se relacione con su clínica. Por ejemplo: "Preferiría un comentario después de cada pregunta para solicitar retroalimentación adicional. La razón por la que pido y solicito más retroalimentación es para asegurarme de mejorar, aún más, el trato que usted se merece". En el supuesto caso que se encuentre dictando un foro de atención estética, le recomendamos que deje un espacio en blanco en la encuesta para que sus clientes comenten sobre su actividad.

Ordenar datos: ahora lo que necesita hacer es compilar los datos obtenidos, los cuales le llevarán algo de tiempo. Existen muchas herramientas que tienen los programas de encuestas que podrían hacer esto por usted.

Desarrolle tres archivos diferentes de Microsoft Excel y etiquételos apropiadamente (internos, distribuidores/socios y pacientes).

Comience con los datos cuantificables e ingréselos a Excel. Probable-mente, esta será una simple exportación.

Siga con las preguntas abiertas. Tome todas las respuestas de cada pregunta y póngalas en Excel para que pueda ver todos los datos frente a usted de una manera más cómoda.

Desplácese por la columna de preguntas abiertas y busque tendencias. Yo le recomiendo usar la función de búsqueda en Excel para que vea rápidamente dónde se encuentran las palabras que busca.

Cuando encuentre respuestas similares en las preguntas abiertas, agrúpelas.

Cuando haya completado esta tarea, debería poder ver fácilmente los resultados de la sección cuantificable y todas las respuestas a las preguntas abiertas agrupadas por pensamientos similares.

Finalmente, haga con los comentarios lo mismo que hizo con las preguntas abiertas: agrupe los comentarios similares, usando la función de búsqueda de Excel para ayudarse en esta tarea.

Interpretar datos: una vez hecho todo esto, será hora de interpretar sus datos. Ahora que ya tiene sus datos organizados en un formato mucho más lógico, ya puede empezar a descifrar lo que significa eso. Para ello, imprima todas las hojas y extiéndalas en un escritorio largo para que pueda ver todo. Lo que buscará allí son las tendencias de los variados grupos y las debilidades en su estrategia de marketing. Tenga en cuenta que en este ejercicio, las malas noticias son, de hecho, buenas porque, en realidad, eso es lo que le interesa saber. Aunque, ver las cosas buenas es genial, nos interesan más las áreas que necesitan mayor atención para así mejorarlas y, por consiguiente, obtener mayores oportunidades de crecimiento. Es muy probable que lo que consiga tenga dos caras:

Una, que el 20 % de su marketing produzca la mayoría de los resultados y la otra el 80 % sea un desperdicio de tiempo, dinero y energía.

Actualmente existen una gran cantidad de nuevas tendencias y lugares en los que puede empezar a aprovechar su estrategia de marketing en línea. En este libro nos encargaremos de explicárselo más adelante.

Elaborar un plan de acción: una vez que haya interpretado sus datos es hora de que elabore un plan de acción.

Cuando revise todos sus datos, nosotros le garantizamos que gran parte de esos resultados serán positivos, pero habrá varios puntos a los que tendrá que dedicarle cierta atención para poder solucionarlos y así mejorar el sistema. Cuando ya haya mejorado todo el sistema usted podrá comenzar a agregar nuevas variantes y, por consiguiente, capitalizarlas.

La razón de hacer esta revisión profunda es ofrecerle un punto de partida que se aplique en su práctica laboral. Cada clínica es diferente. No todo método de marketing será adecuado para cada tipo de consultorio. Una vez que ya tenga los datos internos y externos, ya podrá tomar mejores decisiones sobre cómo mover su práctica hacia el éxito.

CAPÍTULO 3

Creando su primera acción comercial en marketing digital, teniendo en cuenta los aspectos de marketing "offline" del consultorio

¿Tiene definido el ciclo de atención al cliente en su consultorio? ¿Lo tiene identificado con su personal, así como sus colaboradores estratégicos?

Si usted es uno de los muchos doctores que se han entrenado en Estética Marketing en la plataforma E-learning "Tu consultorio una mina de oro", este capítulo pretende, recordarle aquellos aspectos básicos que debe tener en cuenta en mercadeo en su consultorio. Entiendo que no es posible explicar la casuística de todos los lectores de este libro, pero le ayudará a contextualizar lo comentado anteriormente .

Aquí, recordaremos cómo el marketing offline y el marketing online interactúan en un consultorio médico. Estos dos conceptos son dos universos paralelos condenados a encontrarse. Aunque este libro trate sobre el uso del marketing digital en su práctica médica, le animamos a que se informe sobre el marketing offline en nuestra página web. Para cuando desee reforzar su marketing, debe saber que su personal y sus procesos deben estar coordinados en una estrategia de difusión sólida, ya que sin importar cuánto dinero esté dispuesto a invertir en marketing digital, si estos dos elementos no van de la mano, usted y su empresa se conducirán al fracaso.

Supongamos el caso del doctor Smith. Es médico estético de 39 años, casado, sin hijos. Y en su portafolio solo hace procedimientos no invasivos y toca levemente, conceptos de antienvejecimiento. En su plantilla tiene solo una recepcionista, una enfermera que llama por procedimiento cuando la necesita y tiene un diseñador gráfico que le hizo sus flyers y su página web. El Facebook lo maneja él y su esposa cuando se acuerdan. Los recursos digitales con los que él cuenta son: una página web y una página de Facebook.

¡Comencemos!

FASE I: planificación, preparación y entrenamiento

El orden no altera el producto, así que no tome esta lista como un orden cronológico a seguir porque no lo es. Esto es lo que Estética Marketing haría por el doctor Smith.

1. **CONOCER LAS NECESIDADES EMOCIONALES DEL PACIENTE ESTÉTICO.** Este primer paso es explicar a cualquier persona de su equipo, ya sea en nómina o subcontratado por proyectos, qué ocurre en la psicología de un cliente estético. Cuando un prospecto se convierte en paciente y le compra un servicio estético, más allá de comprar un servicio como un bótox, está comprando el sentimiento de no envejecer. O al menos, no envejecer mal. Incluso un diseñador gráfico asociado a la marca debe entender los valores emocionales que un cliente estético está comprando. Cambia por completo la forma de relacionarnos y de expresarnos.

   Hable con su equipo de trabajo sobre:

   ¿QUÉ "DOLOR" TIENE MI CLIENTE? ¿YO QUÉ PUEDO SOLUCIONAR? Cuando me refiero a dolor, no me refiero al físico. Me refiero a tener claro qué le está vendiendo, teniendo en cuenta las emociones de esa persona y como pueden ser afectadas, cuál es la necesidad que usted va a entrar a suplir; autoestima, envejecer con dignidad, reponerse de un divorcio o de una separación, ascender en su carrera profesional. Siempre hay una razón primitiva por la cual compramos. El proceso de compra ha sido relacionado con la liberación de dopamina en el cerebro, por tanto es una experiencia netamente emocional. Identifique las motivaciones emocionales de sus clientes.

2. **IDENTIFIQUE A SU CLIENTE IDEAL, SUS PREFERENCIAS E INTERESES:** tal como comentamos con anterioridad, tenga bien definido quién es su cliente ideal. Edad, perfil profesional, situación económica, si tiene hijos o no. Identifique qué redes sociales consulta, qué intereses tiene, qué lo motiva y cuáles son sus retos sociales, sus metas y aspiraciones.

3. **IDENTIFICAR AL "DECISION MAKER".** si quién toma la decisión de la compra no es ella, sino su marido. Porque si quien paga es el esposo o el novio, tendrá que involucrarlo en el proceso de compra. Eso dependerá de las personalidades de sus clientes, preste atención a esto. Por ejemplo, en Global Stem Cells Group se ofrecen, entre otras cosas, tratamientos de artritis. Aunque el cliente ideal es un señor de edad avanzada, son sus hijos los que pagan el tratamiento. Por tanto, en nuestras comunicaciones a través de redes sociales y *Mailing*, a quién nos dirigimos es a la familia de las personas de edad avanzada. Identificar quién decide en el proceso de compra es fundamental.

4. **MANUAL DE OBJECIONES.** es vital identificar **objeciones** o excusas del prospecto para no comprar. Un manual de objeciones, no es un documento que se hace en un día y listo. Sino que por el contrario, lleva bastante tiempo. Y es muy probable que esté en continua revisión. Las **objeciones de los clientes** son una razón para no comprar y que nace de la falta de conocimiento por parte del cliente y se basa en una información insuficiente. Generalmente cuando un cliente tiene **dos tipos de objeciones en ventas**:

   • Necesita más información para poder tomar una decision de compra.

   • La información que ha recibido o no ha sido entendida por él o no la ha explicado con claridad.

   En este caso la recepcionista del doctor Smith, es la persona adecuada para llevar a cabo el manual de objeciones. Ya que no hay nadie más potente en un proceso de venta en el consultorio estético que la recepcionista. El teléfono es una herramienta muy poderosa para vender o para no hacerlo.

   Cada vez que el doctor Pérez y su secretaria reciben una pregunta sobre alguno de sus productos o política de precios, ambos compartirán un documento, para decidir cuál es la respuesta más adecuada. Y de esta manera, dejarán constancia en el manual de objeciones para cuando su consultorio crezca, o simplemente algún nuevo miembro del equipo entre a trabajar con ellos.

Ejemplo: "¿Por qué el precio del bótox del doctor Pérez es más costoso que el del doctor Rafael?" Señora Lucía, no sabemos qué tipos de insumos, ni los procesos de nuestro colega Rafael. Pero sabemos los costos que conllevan la calidad de nuestro producto y el bótox que ofrecemos. Y como bien sabe, con la cara no se juega.

5. **DEFINA EL CICLO DE ATENCIÓN AL CLIENTE EN SU CONSUL-TORIO**. Socialícese con su personal y aliados, como comentamos con anterioridad.

6. **ESTABLEZCA SU ESTRATEGIA DE REFERIDOS DE SUS PACIENTES.**

7. **DEFINIR, ACTUALIZAR Y PREPARAR PORTAFOLIO**: talvez ya tenga definido su portafolio. Le animo a que en ese momento revise lo que sus competidores están ofreciendo, así como también a qué precio lo ofrecen. No siempre bajar precios supone mejor competencia. Por el contrario, en ocasiones puede resultar contraproducente, dado que hay un tema de percepción de calidad la cual está ligada a precio.

Al doctor Pérez le incluiríamos un portafolio que diera solución a este tipo de señales:

- **Arrugas.**

- **Manchas en la piel.**

- **Várices.**

- **Líneas de expresión faciales.**

- **Tratamiento para escote y pechos.**

- **Celulitis.**

- **Flacidez de cara o cuello.**

- **Flacidez corporal.**

- **Envejecimiento cutáneo.**

- **Venas faciales**

- **Protocolo de manejo de piel sensible.**

- **Ojos caídos.**

- **Medicina regenerativa, tratamiento con células madre.**

- **Tratamiento hormonal.**

- **Electromedición para medir el grado de toxicidad en el cuerpo y preparación metodológica.**

- **Tratamientos intravenosos homeopáticos.**

- **Nutrición.**

- **Reducción de grasa localizada con tratamientos no invasivos.**

Una vez definido el universo de servicios a ofrecer, revisaríamos costos *versus* rentabilidad final. Para poder definir, como hablamos con anterioridad, el canal de comunicación y los márgenes que hay es necesario que estén claros en este aspecto.

Una vez tenga el portafolio definido. Ahora sí llegó el momento de comunicarlo en su lugar de trabajo.

Los básicos:

- **Tarjeta y calendario con próxima fecha.**

- **_Loop_ de videos.**

- **_Flyers_.**

- **Quién es el doctor y sus credenciales.**

- **Cuál es el equipo.**

- **Cuál es el proceso del ciclo de atención y datos de contacto.**

8. **DEFINIR IDENTIDAD DIGITAL Y CANALES DE COMUNICACIÓN**: como hablamos inicialmente, el doctor Pérez tiene una página web.

Llegó el momento de actualizar el contenido de esta y repasar lo visto en uno de los capítulos anteriores: "Creando su página web para promocionar su oferta".

Las palabras clave, según su portafolio es fundamental que las defina o que le ayuden a definirlas ya que este será el "*Look and Feel*" de su página, es decir, que la imagen de sus folletos y sus contenidos comerciales tengan similitud.

Estas palabras clave, también deben ser utilizadas en sus redes sociales.

Al doctor Smith, le recomendaríamos que incluya el costo comercial de un *community manager*. Ya que ni un diseñador gráfico, ni una secretaria, ni mucho menos una enfermera, están en condiciones de postear con calidad. Además, deberá estar pendiente de responder todas las preguntas que los usuarios pudieran tener (para esto se tiene el manual de objeciones comentado). OJO: no espere que su *community manager* haga la estrategia digital, esta persona es la parte operativa del asunto.

Le recomendaríamos que abriera YouTube e Instagram. Ya que por el perfil de su audiencia, les está haciendo falta. A su *community manager*, le haríamos saber sobre los primeros puntos y la importancia de los valores emocionales en toda comunicación. Y cada quince días, habría reuniones periódicas para que se definan las estrategias comerciales del mes.

El contacto entre el *community manager* y la recepcionista debe ser muy alto. Puesto que cada vez que alguien quiera una consulta, el *community manager* debe pasar el dato tan pronto pueda a la recepción para concretar la cita.

8.1 **DEFINIENDO PROPIEDADES ONLINE DEL NEGOCIO** (WEB, REDES SOCIALES, *LANDING PAGES*...) Acuérdese que las *Landing Pages* deben crearse por estrategia de mercadeo. Debe tener una página orientada a conversiones, donde las personas puedan identificar fácilmente sus datos de contacto; donde solicite correos a cambio de descargar contenidos de valor y donde hayan muchas imágenes. No vaya a utilizar la misma *Landing Pages* para promocionar "tratamiento para las venas de los pies" y un servicio de tratamiento hormonal.

8.2 **DETERMINAR EL EMBUDO DE CONVERSIÓN.** Tendrá que diseñar o pedir que le ayuden en la elaboración de secuencias de correo y campañas de *Email Marketing* que lo lleven a las páginas mencionadas anteriormente en las estrategias.

8.3 **GENERAR EL *COPY* (O *CONTENT MARKETING*).** La herramienta clave en el mundo de las ventas en su consultorio es su *copy*. A no ser que sea un experto en ventas, no creo que esté cualificado. No es una inversión muy costosa, pero sí muy rentable. Con mucho orden y planificación, puede invertir en esto de forma anual, de manera que un externo revise sus textos y redacte unos nuevos si es necesario, para los productos que fueran a incluir en el portafolio. Como el portafolio y las estrategias no evolucionan dramáticamente, es una inversión bastante controlable. Deberá darle a su "*copywriter*" una lista de temas para escribir.

8.4 **RECURSOS GRATUITOS COMO CARNADA COMERCIAL:** recuerde la importancia de redactar *Ebook* o documentos de interés para su audiencia. De esta misma forma, siempre se asegurará que tenga una base de datos cada vez más robusta y un nivel de confiabilidad mayor.

8.5 **HERRAMIENTA DE *EMAIL MARKETING*.** Debe tener su herramienta lista. Recuerde que esté bien, es la mejor manera de estar en contacto con sus clientes y generar nuevos. Aunque no haya mejor estrategia que tenerlos felices.

8.6 **CALENDARIO DE EVENTOS E INTERACCIONES CON SU AUDIENCIA.** Diseñar una relación a largo plazo con el cliente, dando valor y teniendo un plan de referidos. No deje lugar a improvisar, más bien, planifique en un calendario anual, que actividades va a hacer para estar "en contacto" con sus clientes, referidos y prospectos.

8.7 **PREPÁRESE PARA EL DÍA DE LA CONSULTA:** este día es muy importante. El doctor Pérez debe pedirle apoyo a su enfermera, aún sin tener procedimientos planificados en una agenda. Ya que servir un café, ofrecer aclaración de dudas, recibir al paciente con una sonrisa es muy importante.

Mantenga reuniones regulares con el personal, de manera que todos estén en la misma página desde el punto de vista comercial hasta la recepción del paciente. Aproveche esas reuniones para comentar posibles revisiones de las encuestas de satisfacción.

Aquí les dejamos un check list de ayuda para prepararlo para este día:

- La recepcionista confirma la cita 48 horas antes y reitera con suavidad la política de cancelación de 24 horas.

- El personal tiene preparado el paquete de bienvenida. Este incluye información sobre el procedimiento, práctica, el médico e historias de éxito de pacientes anteriores.

- La recepcionista saluda al paciente en la puerta, le da la bienvenida y pasa unos minutos para llegar a conocerlos mejor, ofrece alguna bebida y un recorrido.

- El paciente es provisto con testimonios y álbumes fotográficos, videos educacionales 3D para el paciente, explicación de relaciones públicas, entre otros.

- El paciente es acompañado a la sala de examen para la consulta y análisis. El Coordinador de Atención al Paciente (PCC) se reúne con el paciente para discutir las dudas. En el caso del doctor Smith, la enfermera.

- El médico lleva a cabo la consulta y/o el tratamiento del paciente.

- El médico acompaña al paciente con el PCC.

- El personal toma buenas fotos de antes y después, para ser utilizadas más adelante.

- El PCC analiza las opciones de financiación, programación de horarios o un seguimiento de llamadas.

- La oficina debe estar limpia y en orden.

- El ambiente será cálido y atractivo.

- El teléfono se responde en el segundo tono. Los mensajes en espera son en tono educado.

- La señalización interna se muestra en la zona de recepción y salas de examen.

- Hay una base de datos adecuada. Las direcciones de correo electrónico son recogidas. Y reciben un mensaje de agradecimiento al día siguiente de su visita.

- Los materiales impresos, tales como tarjetas comerciales, membretes y folletos sobre las prácticas deberán ser claros e informativos.

- El sitio web es profesional y fácil de navegar.

- Las notas de agradecimiento se envían a los pacientes que han referido a sus amigos y/o familiares.

- Los tiempos de espera son mínimos.

- El personal es amable, servicial y profesional.

- El médico es atento y cuidadoso.

- El personal se preocupa del seguimiento de los pacientes. Hay un reporte semanal al doctor Pérez de parte de su equipo de trabajo.

- El boletín se envía por correo dos veces al año.

- Las piezas de correo directo son enviadas cuatro veces al año. Como brochures (folletos), muestras gratuitas.

- La tarde con eventos de belleza, se lleva a cabo dos veces al año.

- Se establecen alianzas con al menos dos salones, *spas* y tiendas al por menor.

- Los mensajes de correo electrónico se revisan cada mes.

- Hay una encuesta de satisfacción tipo:

Preguntas ejemplo:

1. ¿Cómo se enteró acerca del doctor Smith? A través de un amigo familiar, paciente, evento, publicidad, internet, ¿Otro?

2. ¿Por qué decidió ir con el doctor Smith? Me gustó el resultado de un amigo, el precio era justo, la ubicación era buena, el horario era flexible, el personal fue atento

3. ¿Fue fácil de conseguir respuesta a sus preguntas iniciales y hacer una cita? Sí o No

4. Si su respuesta es no, por favor explique.

5. ¿Hay otros procedimientos en los que esté interesado?

6. ¿Qué podríamos haber hecho para hacer que su experiencia con nosotros, fuera la mejor?

9. **ENTRENAMIENTO TELEFÓNICO DE LA RECEPCIONISTA.** Tan pronto pueda, incluso, antes de hablar de Marketing digital, entrene a la persona más importante de su cadena comercial. En Estética Marketing disponemos de un entrenamiento intensivo para ello. Sea este recurso u otro, no lo piense más. Una recepcionista sin entrenamiento telefónico es la fuga de dinero más común de los consultorios estéticos.

10. **INVOLUCRE A SU PERSONAL.** Una vez que tenga diseñada y lista para enviar, su estrategia digital, deberá agrupar a su personal y socializarse con ellos, además de tener en cuenta cuando se relacionen con sus clientes.

FASE II: ejecutar estrategias de venta y cierre comercial

En esta II fase además de llevar a cabo el plan de mercadeo digital; es donde surge la sinergia entre el marketing digital y el offline

Algunas personas olvidan que el seguimiento comercial no hace parte de vender, sin embargo es a veces el paso más importante del proceso comercial.

¿Se ha preguntado alguna vez, qué pasa con el 100 % de las personas, que fueron a su consultorio alguna vez y demostraron interés, pero nunca le compraron? El problema no es que no esté generando ventas, el problema está en que no las sabe cerrar.

Según las estadísticas, al 48 % de los procesos de ventas que se generan en un consultorio, no se les da ningún seguimiento. Las ventas no siempre se cierran en la primera visita, de hecho, dicen que por estadística hasta el 80 % de las ventas se cierran a partir del quinto encuentro con el prospecto. Muchas veces, las razones son que no hubo tiempo, o que la secretaria no supo cerrar las ventas o que el médico "no sirve para eso".

Este diagnóstico inicial se agrava mucho más, cuando ni siquiera, hay una estrategia de automatización que ayude a tenerlo en mente incluso cuando no compren en la primera interacción. No hay un *Email Marketing*, no hacen seguimiento por teléfonos personales, ni siquiera buscan al prospecto por redes sociales para tenerlo en contacto.

Si pudiera contratar a un coordinador de pacientes o una persona con buena actitud para cerrar ventas y que todo su trabajo consistiera en acompañar a los prospectos hacia la venta, esto haría que se triplicarán sus ventas.

Existen 3 tipos de situaciones cuando hablamos del seguimiento comercial:

- Que la persona le compre el mismo día que interactúa con usted. ¡Lo felicito! Porque esta situación representa solo el 20 % de los casos. Recuerde que el mayor éxito consiste en tener un cliente feliz y que le reenvíen referidos. Ponga en práctica las recomendaciones habladas durante este capítulo.

- Los que le dicen que no. Sea por un asunto de presupuesto o porque no hubo feeling con el equipo. En este caso, uno debe tener una estrategia de "*upselling* y *Cross Sales*" bien identificada. Para tener un plan B qué ofrecer. Por ejemplo, no pudo vender el procedimiento quirúrgico de liposucción, pero le ofrece un paquete no invasivo a un menor precio o un plan de asesoría nutritiva en su consultorio.

- Si le dicen "déjeme pensarlo" la opción que nosotros sugerimos es que deje un gancho, (dejar lo que se entiende como "*hook*" en mercadeo).

Crear "rapport" significa que la persona sienta que hay sintonía entre el prospecto y su locutor. Es decir, caerle bien al prospecto. Esta responsabilidad, no solo es del doctor Smith, sino de todo su equipo. Desde la persona que ofrece el café hasta la recepcionista.

Un "*hook*" no es nada más que pactar el seguimiento, decirle: "¿Cuándo lo puedo llamar?" Si logra que la persona le dé una respuesta, de preferencia pactarlo cara a cara, la siguiente fase es identificar si se necesita recurrir a un "*hook* personal" o un "*hook* prediseñado".

Aquí una breve explicación.

Hook personal:

¿Cuáles son las cosas que descubrió de esa persona, que pudieran llegar a motivar la compra?" Tal vez la principal preocupación del paciente es su celulitis. ¿Cómo puede utilizar esta información personal para motivar en la decisión de compra cuando vuelva a llamarlo?

Hook prediseñado:

Ofrezca una cortesía en su consultorio. Algo que no cueste mucho, pero que anime al proceso. Tal vez regalar una sesión para tratamiento de celulitis o consultoría médica con el doctor Smith, dirigida a cómo cuidar la retención de líquidos y que le ayuden a su problema de celulitis.

Hay múltiples maneras de hacer seguimiento comercial. Lo importante es que aplique estas estrategias en todas las consultas, creando un plan de trabajo sólido que esté meditado y consensuado con el equipo.

¿Cómo le puede ayudar el marketing digital en este seguimiento comercial?

- **Busque al prospecto en sus redes sociales.** Asegúrese que siendo "amigo" suyo, podrá ver sus contenidos y ayudará a que no lo olvide.

- ***Email Marketing.*** Anteriormente hablamos de *Active Campaign*. Una herramienta que permite enviar listas de correos en función de "etiquetas". En este caso, temas de interés dentro de su consultorio. Por ejemplo, "celulitis". Puede enviar un *mailing* para personas de su base de datos, con este interés. Enviar contenidos de valor, como por ejemplo: ¿Por qué la sal agrava el problema de la celulitis?

- **UN CRM o *"Customer relationship management"*.** Hay muchas opciones que ya hemos mencionado en el mercado para todos los bolsillos. *Saleforce* tiene la opción de hacer seguimiento a las personas interesadas. Muy fácil de usar. Cuando es un doctor que tiene una alta tasa de visitas, le recomendamos que invierta en alguna de estas herramientas. Un bloc de notas o un Excel (a no ser que utilice macros), poco va a ayudar.

- **Servicios de automatización en teléfonos móviles.** Al igual que existen servicios de automatización de *Email Marketing*, también existe el mismo servicio para recibir mensajes en el teléfono. La única recomendación que hago, es que se asegure que los contenidos son de muy alto valor. De lo contrario, será muy intrusivo y molesto para sus prospectos.

- **Facebook Ads**, tiene la opción de segmentar hasta tal punto que solo pueda enviar solicitud de información a la lista de personas que usted considere. A esta modalidad, Facebook le llama "público personalizado". Y puede llegar a funcionalidades tan potentes como estas:

  - Crear sus propias audiencias **por ejemplo, las personas que lo visitaron, pero no le compraron.**

  - **Lista de clientes:** es recomendada para subir una lista de CLIENTES y así volver a venderle algún producto nuevo.

  - **Personas que visitaron su página web.** Tráfico del sitio web. A través del famoso "píxel de Facebook".

- Otra alternativa es hacer una aplicación móvil propia, que sirva como una especie de "Newsletter" interno. Es una inversión considerable, que dependiendo del número de usuarios, puede llegar a ser bastante rentable (si no tiene un volumen elevado mensual de procedimientos, no se meta en esto).

Tener un paso a paso de qué hacer, cuando un prospecto le visite, ya sea que le compre o no, es muy importante para monetizar y crecer en su práctica.

Fase III: seguimiento y control

Lo que no se controla, no se puede analizar. Todos los pasos comentados anteriormente, deben tener unos ratios o unos indicadores de estudio. Por ejemplo, número de llamadas recibidas versus número de visitas al consultorio o número de ventas realizadas.

Nuestra recomendación en esta parte es, ir poco a poco. Es decir, defina, los ratios mínimos comentados en todo este libro (probablemente tenga que leerlo más de una vez). No querrá hacerlo todo de una vez. Cada vez que vaya avanzando organizacionalmente, todo se irá "complicando" un poco más. No se trata de querer saberlo todo, ya que delegar y confiar en su equipo no es opción. Se trata, de lo poco que quiera saber, para que logre lo que quiera hacer. Y que esa información, ayude en la toma de decisiones de su negocio.

En la pagina web de estética marketing recuerde puede descargarse varios recursos gratuitos que puede utilizar hoy mismo en su práctica.

CAPÍTULO 4

Selección de su nicho de negocios

Si estuviéramos tomándonos un café, ¿podría explicarnos qué aficiones tiene su cliente estrella? ¿Contrataría a un abogado laboralista para resolverle problemas fiscales? Probablemente, la respuesta sea no. De la misma forma, un médico estético especializado en "bótox" no necesariamente debe venderse como experto en "antiaging".

Como empresarios y consultores empresariales nos gustan muchos aspectos de los negocios; no obstante, la dirección estratégica, la gestión organizacional y la negociación son una de nuestras principales cualidades profesionales. Es realmente importante que usted conozca sus habilidades, esas que lo hacen excepcional y exacerbarlas a la hora de crear una marca personal. Es un error común querer abarcar muchos temas, pero podrá llegar más lejos si se especializa

Es similar al caso de Usain Bolt, el atleta jamaiquino que, al día de hoy, tiene el récord mundial por ser el hombre más veloz del mundo. Lo que mucha gente no sabe, es que Bolt tiene una de las salidas más lentas, pero sus remates son realmente increíbles e insuperables. Sus entrenadores se enfocaron en fortalecer, aún más, sus piques. Fue, solo entonces, que tomando el aspecto más competitivo logró romper grandes marcas.

Como médico, es de vital importancia decidir cómo quiere comunicar su ventaja competitiva.

¿Por qué debo elegir un nicho de mercado?

Hemos hablado sobre el poder del nicho, pero quizá una de las razones principales del porqué tener uno, está ligado con la relación tiempo-calidad. Es más rentable para usted, enfocarse en aquellos clientes que cumplan con el perfil económico y que traigan expectativas alineadas en cuanto al resultado esperado. Conocer su nicho puede generar un aumento en la demanda al estar tan ligado con el marketing en línea. Es importante tener en cuenta que hablarle a todo el mundo solo lo lleva a un lado: al olvido. Diferenciarse de sus competidores es muy difícil, si no hay nada distinto en su plan de comunicación, ni en su marca personal.

Otras razones:

- Podrá definir, más al detalle, las características de sus clientes y con esa información le permitirá tener más "inteligencia de negocio" a la hora de generar estrategias más personalizadas que lo ayuden a conectarse con ellos.

- Teniendo un tema en concreto, será más sencillo ofrecer ideas novedosas.

- El posicionamiento en buscadores será más sencillo, pues tiene que enfocarse en palabras claves específicas de su nicho.

- Conociendo sus características podrá crear la experiencia de compra y atención al cliente adecuadas.

- Le ayudará a definir mejor su imagen. Al enfocarse en clientes específicos, su marca puede adoptar una imagen que los ayude a identificarse con ella, generando lealtad.

No estoy diciendo que si su especialidad como cirujano plástico sea la mamoplastia de aumento, no pueda hacer un *facelift*, no. Como profesionales del sector, sabemos que los pacientes estéticos se hacen más de un procedimiento a la vez. Hay opción de que, una vez que estén en su consultorio, a través de las estrategias de "Upselling and crosseling", usted pueda ofrecer otros servicios quirúrgicos o no quirúrgicos y, probablemente, se incluyan en la "cesta de compra".

No obstante, en cuanto a comunicaciones se refiere, usted tiene que elegir su público y su especialidad, lo demás se hará en el consultorio.

¿Cómo identificar su nicho de mercado?

Para iniciar, es importante que conozca sus competidores locales. Piense en cómo puede diferenciarse de ellos. Revise sus páginas web, sus redes sociales, haga "una llamada" fantasma a sus consultorios.

Una vez que tenga esta información. Hágase estas preguntas:

- ¿Qué es lo que más disfruto hacer? Esta pregunta es muy importante, si la contesta, y presta atención puede redireccionar, incluso, su modelo de negocio.

- ¿Qué no me gusta hacer?

- ¿En dónde tengo más experiencia? ¿En cuáles casos tengo más clientes? (espero que lleve récords de sus estadísticas, probablemente, en su *software* médico).

- ¿Qué dicen los clientes sobre mis servicios? ¿Cuáles son las respuestas que me dan? ¿He medido los "referrals" que obtengo?

Asegurarse que su nicho sea rentable

Sabemos perfectamente que el papel aguanta mucho, pero que de "letra" no vive el hombre. Por eso, es vital que su nicho esté alineado con su expectativa económica.

Para esta selección de nicho debe tener en cuenta lo siguiente:

- El tamaño del nicho debe ser lo suficientemente grande para generar un volumen de ventas y ganancias para su negocio.

- Tienen una necesidad en particular, la cual usted debe ser capaz de satisfacer.

- Están dispuestos a pagar por la solución de sus necesidades.

- Existen pocas opciones para satisfacer las demandas.

Para responder a preguntas como las anteriores, le llevará algo en análisis de mercado. En este caso, no estará orientado a sus competidores, sino dirigido a sus posibles clientes. Mucho mejor si ya los tiene, porque bastará con invitarlos a un café y preguntarles si consideran adecuada la relación precio-calidad del servicio recibido.

El objetivo de este libro, no son los aspectos estratégicos en la selección del nicho, sino más bien, los aspectos digitales y estratégicos que debe considerar si no selecciona un nicho de comunicación adecuado.

¿Por qué es crucial definir un nicho para su estrategia digital?

- **Cuando seleccione asesores estratégicos adecuados, lo primero que estos van a hacer es analizar el comportamiento de búsqueda y compra de su nicho, para que en función de esto, determinen gustos e intereses.** De lo contrario, su estrategia de comunicación no aportaría valor a su nicho.

- **En este análisis, de su nicho, deben evidenciarse sus comportamientos de compra, gustos e intereses.** Lo cual, aunque no es el objetivo de este libro, las estadísticas indican que la inversión en marketing fuera de línea dentro de su consultorio, debería ser, incluso, tres veces más que su presupuesto en marketing en línea. Al menos, así debería ser si quiere tener un marketing bien ejecutado.

    No es lo mismo, que su recepcionista reciba un entrenamiento generalizado, a un entrenamiento especializado en un *target*.

    Ejemplo, si su *target* o nicho, fuera definido como "mujeres entre 25-55 años", sería una interacción posible entre su cliente y su personal: "Señora María, ¿cómo ha estado? El doctor la está esperando".

Por el contrario, si su nicho de mercado se define como: "Mujeres ejecutivas, entre 30-50 años, con 2 hijos en promedio, casadas", una interacción posible sería: "Señora María, ¿Cómo va el trabajo? ¿Y sus hijos? Debe ser duro combinar la vida laboral exigente con su vida familiar. No se preocupe, que nosotros haremos lo posible por consentirla. Pase, que el doctor la está esperando".

Imagínese este público aún un poco más definido:" Mujeres españolas ejecutivas, entre 30-50 años, con 2 hijos en promedio, divorciadas", una interacción posible sería "María, ¿Cómo va tu trabajo? ¿Y tus hijos? Debe ser duro combinar la vida laboral con tus hijos. Afortunadamente, te dedicas tiempo a ti, por eso estas aquí ¿no? Pasa, que el doctor te espera" (si trata de "usted" a una mujer en España de ese rango de edad, probablemente la esté ofendiendo, ya que la estás llamando "mayor" y vamos al médico estético o plástico para no vernos mayores).

¿Entiende, cómo cambian las interacciones, dependiendo de la definición del nicho?

• **Dar *like* y "compartir" de su audiencia.** Aunque, algunas redes sociales empresariales consideran que el objetivo principal de una red social es tener muchos "likes" (esto aplica a muchas industrias), lo cierto es que ese no es el objetivo real. Por el contrario, una red social o medio de comunicación digital, pretende ser un punto de conversión o comunicación activa para su comunidad. No obstante, no tener definido a quién quiere en su comunidad o nicho, hace que incluso las abuelitas de 80 años o las adolescentes de 12 años estén recibiendo su contenido.

Ni qué decir, de la opción de "comprar" likes. Además de estar altamente castigado por los algoritmos de cada red social y por el posicionamiento web (SEO), va a resultar como un montón de personas en su fiesta de cumpleaños que ni siquiera había visto antes. ¿Lo imagina? Incómodo, ¿No? ¿De qué le sirve tener un montón de gente de Turquía si su práctica está en América Latina? De nada. Sí, toma tiempo y trabajo llegar a su audiencia objetiva, pero vale la pena. Piénselo, aunque lleve más tiempo y algo más de energía, necesita definir su nicho, para poder disponer de una presencia digital que le favorezca en su marca personal.

¿Qué debe conocer de su nicho de mercado?

Identifique sus "grupos de interés". Un grupo de interés se define como "agrupaciones" de intereses personales o profesionales. Es decir: "Mujeres españolas ejecutivas, entre 30-50 años, con 2 hijos en promedio, divorciadas" Es un tipo de interés que puede tener.

"Secretarias de entre 25-35 años, solteras, con estrato social medio, bilingüe" es otro.

"Influenciadores sociales, tales como presentadoras, modelos mexicanas de entre 20-35 años, con un hijo" pudiera ser otro.

Definir un público no significa no tener más de un grupo de interés. Al contrario, normalmente hay más de un grupo de interés que probablemente tengan las mismas motivaciones, pero siempre se diferencian por valores muy asociados con su estilo de vida. Por ejemplo:

- **Países.** El turismo de salud es una realidad en cualquier país donde se encuentre. Una vez identifique sus grupos de interés, identifique su rango de actuación o geolocalización de su servicio. Imagínese que es un médico estético en Ciudad de México. Para nadie es un secreto saber que muchos americanos o mexicanos residentes en Estados Unidos viajan a su país de nacimiento para hacerse tratamientos estéticos. ¿Por qué no invertir en SEO no solo en México sino también en Estados Unidos?

- **Perfiles profesionales.** ¿A qué se dedican sus grupos de interés? Tal vez pudiera considerar que no es relevante para ofrecer su servicio. Ya que las mujeres, son mujeres, pero la complejidad de su día a día puede ayudarlo a entender mejor su dinámica y su proceso de toma de decisiones.

El hecho de identificar sus profesiones o a qué dedican su tiempo, le da una orientación de cómo abordar las comunicaciones y qué catalogan como contenido relevante.

Déjenos ayudarlo ilustrándole lo siguiente de esta manera:

- **Caso 1:** periodista de 35 años que quiere proceder a una liposucción. "Sabemos lo que le exige su profesión. Debe estar siempre a la vista de todos, podemos ayudarlo, solicite su consulta hoy y muestre la mejor versión de usted"

- **Caso 2:** recepcionista de 27 años en busca de un tratamiento facial no invasivo. "Es la primera impresión de su organización, su imagen es el factor que le llevará lejos, podemos ayudarle, solicite su consulta hoy y muestre la mejor versión de usted"

- **Caso 3:** ama de casa, 31 años y dos hijos. "Los estudios dicen que una madre feliz, cría hijos felices. Dedíquese tiempo y vuelva a sentirse segura y completa, podemos ayudarla, solicite su consulta hoy y muestre la mejor versión de usted"

Claramente, no vamos a poder dirigirnos a cada grupo de interés de manera tan específica, pero sí podemos ir definiendo los perfiles e intentar acertar lo más posible en nuestro modelo de comunicación. Todo lo que se necesita es algo de análisis y hacer una matriz de los perfiles más comunes.

- **Conoce en qué redes sociales su grupo de interés interactúa.** ¿Está su nicho en LinkedIn? ¿En Facebook? Al igual que comentamos en el párrafo anterior, no existe tiempo suficiente para poder publicar en todas las redes sociales o medios de comunicación disponibles. Pero, con el análisis adecuado, se pueden sacar los canales de comunicación necesarios. Recuerde, siempre depender de la estrategia organizacional del período.

- **Identifique qué grupos le siguen y qué les interesa.** Uno debe publicar contenido relacionado con el interés del cliente. Si lo que vende es cirugía plástica, sus temas de comunicación deberían tocar asuntos de interés a la persona tales como:

- **Nutrición.**

- **Recetas de cocina saludable.**

- **La crianza de los hijos.**

- **Moda.**

- **Como no envejecer.**

- **Deporte para el posparto.**

Cuando todo lo que habla en sus comunicaciones digitales es sobre su producto o servicio, es como cuando va a quedar con su amiga a cenar y solo le habla de sus problemas matrimoniales. ¿Cuántas veces le apetecería cenar con ella?, probablemente no muchas. Lo mismo ocurre con sus contenidos. Todas las personas tenemos tiempo y dinero limitado, lo más normal es invertirlo y no malgastarlo. Evite dar a conocer temas que no les interesen a su nicho. Básese en contenido que le pueda interesar a su público.

CAPÍTULO 5

La fórmula secreta de las redes sociales

Antes de empezar a hablar de las redes sociales, hay que entender que estas, cambian constantemente. Este libro fue escrito en el 2017, asegurase de estar actualizado en los algoritmos de las redes sociales en el momento de su lectura, porque puede ser, que para el momento que estes leyendo esto, hayan excepciones o incluso contenidos desactualizados.

El marketing de las redes sociales es la táctica de llevar su contenido a muchos espectadores a través de las plataformas que las mismas webs ofrecen. Ese contenido puede estar en forma de texto, video, imagen, enlace, infografía y más. Cuando combina "mostrar contenido" con "conectarte con personas" obtendrá el camino del marketing exitoso.

Muchos médicos y comercializadores creen que hay una "fórmula secreta" cuando se trata de redes sociales, una táctica "encubierta" para obtener mágicamente 10 000 "me gusta" o cientos de *leads* de forma repentina. Desafortunadamente, no hay una píldora mágica para las redes sociales, a menos que esté dispuesto a desembolsar mucho dinero en anuncios ubicados en ellas. Otro asunto es que mucha gente se ha obsesionado con los números, asumiendo que cuanto mayor sea la cantidad mejor será, y se esfuerzan constantemente para añadir más y más de estos números a sus redes sociales. Por otro lado, admitimos que tener muchos "me gusta" es genial pero usted debería enfocarse en las relaciones con los clientes.

Aunque no hay una píldora mágica para un crecimiento rápido en las redes sociales, sí hay principios básicos que puede seguir para iniciar su marketing social.

Las principales redes sociales actuales

Actualmente, hay decenas de plataformas de redes sociales pero nos hemos delimitado a las cinco más importantes de la web. Cada red social que presentaremos tendrá tres puntos de contenido:

- ¿Por qué las debería usar?

- ¿Quién las debería usar?

- ¿Cómo las debería usar?

Queremos que usted, como médico estético, se enfoque en las que vamos a mencionar:

- YouTube:

  - ¿Por qué? YouTube es el segundo motor de búsqueda más grande del mundo y una página muy popular, pero lo que la hace una gran plataforma para marketing es simple: la gente prefiere ver un video en vez de cualquier otro medio de marketing. El video produce mejores conversiones (relación visitas-compra), más conversaciones y, simplemente, mejores resultados. Con el auge de la telefonía móvil, todo el mundo es ahora un publicador ambulante y puede producir contenido rápido y fácilmente.

  - ¿Quién? Esta es una plataforma que tiene sentido para médicos de todas las especialidades. No existe clínica que no se beneficie con YouTube.

  - ¿Cómo?

1. Cree su canal de YouTube.

2. Optimice el canal con una descripción rica en palabras clave y algunas combinaciones gráficas agradables para hacerles juego.

3. Comience a producir videos educativos cortos (de 1 a 3 minutos de duración) y cargue uno o dos videos diarios durante un mes.

4. Asegúrese de que cada video esté optimizado para la búsqueda (título del video, palabras clave, descripción y etiquetas).

5. Mantenga su canal de video actualizado regularmente con contenido nuevo e interesante.

6. Comente en otros videos y mencione el enlace del suyo. Por favor, no envíe correo basura, pero comente en videos importantes.

- Google+:

    – ¿Por qué? Nos gusta formar parte de cualquier cosa que posea Google (Google es también dueño de YouTube). Google+ es una red que se enfoca en proveer contenido relevante a la gente. Hay muchas funciones útiles e interesantes que pueden mantener enfocado a su público. Hay también muchas conexiones a Google+ y suele ser más sobresalientes que los demás en los motores de búsqueda.

    – ¿Quién? Esta plataforma no la recomiendo abordar a menos que ya trabaje en sitios como Facebook y YouTube. Si tiene mucho contenido que pueda mantener su página de Google+, entonces esta es su gran plataforma, pero esta red no es una en las que se pueda publicar solo una vez cada tantas semanas.

    – ¿Cómo? Aunque a las páginas de las prácticas médicas les puede ir bien, hemos visto resultados mucho mejores al enfocarse en un perfil personal de Google+. Por personal, nos referimos a una cuenta que se centre alrededor de una persona o nombre, en vez de una práctica médica. Construya su perfil, optimícelo para la búsqueda y empiece a incorporar a algunas personas en sus círculos sociales.

    Aproveche los círculos sociales al máximo. Los círculos están entre nuestras funciones favoritas de

Google+. Ubique personas en círculos distintos y muéstreles cierto contenido solo a esas personas. Un ejemplo son los contenidos de venta dirigido a sus posibles pacientes. No fastidie a sus pacientes con ofertas para que compren sus servicios cuando, quizás, ya lo hayan hecho. Cree varios círculos sociales y personalice el contenido para cada uno, respecto al tipo de cliente.

Contribuya con las diferentes comunidades de Google+. Recuerde mantener el contenido auténtico y útil.

Organice algunos Google *hangouts*. Los *hangouts* son similares a los webinars, pero se hacen en tiempo real y a través del video.

Trate de obtener esos +1s. Mientras más gente le de +1 a su contenido y sus publicaciones, mejor será su posición en los resultados del motor de búsqueda de Google y de la red social Google+. Piense en los +1s como pruebas sociales.

- LinkedIn:

  - ¿Por qué? LinkedIn está ganando popularidad. La compañía ha lanzado nuevas funciones y ha tenido muy buenos incrementos en membresías. Esta plataforma se enfoca en redes profesionales. Publicar contenido sobre lo que comió en el almuerzo no es parte de esta red social. Dicho esto, si busca conectarse con ejecutivos, esta es la plataforma ideal.

  - ¿Quién? Médicos, coordinadores de pacientes y vendedores. No hay mejor plataforma que LinkedIn para contactar y conectarse con los entornos de otras clínicas y negocios afines.

  - ¿Cómo? Complete su perfil personal y optimícelo para la búsqueda. Enumere las diferentes habilidades que usted tiene para que consigan sus servicios más rápido y aparezca en los primeros resultados.

    Cree una página de su práctica en LinkedIn y anime a sus pacientes y empleados a unirse a esa página. Puede cargar una buena cantidad de contenido en la página para hacerla más atractiva.

Nuestro mayor consejo con LinkedIn es que trate de mostrar su presencia, de manera que se asemeje a su mundo *offline* (no conectado a la red).

Invierta algo de dinero en Inmail. Si quiere alcanzar prácticamente a cualquiera en LinkedIn, puede pagar por mensajes de Inmail y asegurarse de que sus mensajes sean enviados. También asegúrese de responderlos. Inmail es una excelente forma de conectarse.

Contribuya con los grupos de LinkedIn. Escoja algunos grupos en los que pueda hacer regularmente una contribución activa. A menudo, nosotros cuando hemos respondido algunas preguntas de personas en LinkedIn, la mayoría de las veces aparece alguien pidiendo más información ya sea de una propuesta o de un presupuesto.

Conéctese con sus pacientes y pídales que le escriban alguna recomendación relacionada con su área laboral. Cuantas más recomendaciones le hagan en LinkedIn, más respetado parecerá.

- Facebook:

    - ¿Por qué? Cuando escuche el término red social todo el mundo piensa primero en Facebook. Esta es, ampliamente, la plataforma más grande y significativa con un número continuo de miembros en crecimiento. Tienen una plataforma sólida, un gran número de funciones y muchas cosas más para que las diferentes audiencias se involucren y vuelvan por más.

    - ¿Quién? Al igual que YouTube, no podemos pensar en un médico o práctica laboral que no esté activamente involucrada en Facebook. Recomendamos iniciar su perfil profesional con esta red antes de moverse a otras.

    - ¿Cómo? Cree una página de empresa entrando a *Facebook.com/pages*. Seleccione la categoría que tenga más sentido para su clínica.

Construya la página con gran contenido textual y gráfico de tal manera que capte la atención de sus posibles pacientes. Asegúrese de que sean de conformidad con los requerimientos de tamaño, es decir, use el tamaño correcto para las imágenes de fondo y de perfil que le exija la página para que no termine obteniendo imágenes cortadas o que se vean extrañas.

Invierta algo de dinero en anuncios de Facebook para aumentar su audiencia.

Provea diariamente gran contenido (o con mayor frecuencia). A las publicaciones que tienen imágenes les va mucho mejor que las que no las tienen.

Involúcrese con otros a través de diferentes páginas y grupos. Mantenga un contenido no comercial y que sea de naturaleza educativa o útil.

Cree contenidos especiales (solamente para Facebook) acerca de sus productos y servicios y así logrará que la gente vuelva con más frecuencia.

Aprenda cómo usar *shortstack.com* en la creación de algunas aplicaciones muy buenas para Facebook. Puede hacer concursos en su propia página y muchos formularios *opt-in* atractivos.

- **Instagram.com (propiedad de Facebook).** Esta es una red basada en una aplicación que le permite cargar imágenes (y videos) y usar etiquetas para una ubicación más fácil. Se enfoca en imágenes "reales". Por ejemplo, ¿En dónde estás ahora?, ¿Qué haces en este momento?. Actualmente, Instagram es una de las redes sociales más poderosas en el arsenal de una clínica estética. En nuestra experiencia, es muy recomendado para médicos estéticos y *medical Spa*. Si la combina con influenciadores hay mucha conversión y alcance. Es importante tener en cuenta que esta red es tremendamente creativa, por lo que el contenido debe ser bien dirigido. Vemos, más a menudo de lo que nos gustaría, a médicos que publican fotos de sus cirugías en la sala de procedimientos, que muestran sangre y aspectos muy clínicos del día a día. Recuerde, que el objetivo de esta red es inspirar.

Estos aspectos "técnicos" de su práctica como médico, los puede dejar para YouTube, por ejemplo. Aproveche esta red, para mostrar testimonios de pacientes, fotos de antes y después (fotos creativas), etc.

Los nueve principios básicos de las redes sociales

1) **Reestructure su cerebro:** en vez de tratar de obtener "mayores números", desarrolle relaciones y conexiones más auténticas. Es más fácil salir y obtener 5000 seguidores pagados en Twitter o probablemente los consiga con cuentas de correo basura que tener 100 seguidores que participen y les importe lo que usted publique.

2) **El marketing de las redes sociales debería estar asociado con su estrategia general en relación con su contenido de marketing.** Esto es, simplemente, otro método de llevar su contenido a las personas y conectarse con ellas.

3) **Su marketing se hará mejor con la repetición.** Lo que queremos decir con esto es simple: generará mejores resultados si el mismo mensaje de marketing está siendo manifestado no solo a través de las redes sociales sino también en correos electrónicos, correos directos, mensajes de página web, etc. No debería promover algo en sus redes sociales y, luego, otra cosa totalmente diferente en la recepción de su clínica. Si lo hace, confundirá a sus prospectos. La repetición es su amiga. Sus prospectos necesitan oír su mensaje diez veces, o más, para pasar a un estado de "disposición a comprar", así que asegúrese de contactarlos a través de diferentes canales.

4) **Trate cada red social de forma diferente.** Cada plataforma tiene sus cosas peculiares. Lo que podría funcionar en Facebook podría ser tan inútil como un globo de plomo en LinkedIn. En vez de, simplemente, lanzar todas sus actividades de marketing social en una sola cubeta, separe cada una de las cubetas y prepare contenido original único para cada una.

5) **Sus prospectos y pacientes esperan respuestas rápidas, a menudo, en cuestión de minutos u horas.** Si alguien le envía un mensaje o hace un comentario, conteste tan rápido como pueda, especialmente si se trata de un asunto relacionado con su producto o servicio. La gente se molesta más y más cuando espera, así que tratemos de prevenir estos inconvenientes en las redes sociales. Nosotros nos preocuparíamos si tuviéramos a un paciente molesto que esté en una plataforma de red social quejándose, ya que podría hacer comentarios negativos que pudieran reducir la capacidad de captar clientes en nuestra red social.

6) **La frecuencia importa.** Si tiene suficientes cosas qué decir durante el día, publíquelas diariamente varias veces y no una sola vez. Si el contenido es meramente de relleno, déjelo por fuera. Necesita asegurarse de que su presencia en las redes sociales no se vuelva aburrida, ya que si su contenido no es atractivo, probablemente al final del día no habrá impulsado las ganancias de su negocio. Al publicar buen contenido, este debería generar interés; pero, a menudo, sus prospectos necesitan un empujoncito. No tenga miedo de ir por el trato una o dos veces a la semana. Yo recomiendo balancear de tres a cuatro segmentos de contenido que no sean de ventas, con uno relacionado con las ventas.

7) **Las redes sociales son para involucrar.** Tendemos a tener mejores resultados cuando nos involucramos con alguien en una red social. Por ejemplo, nosotros, en Twitter, buscamos a las personas mencionando una frase en particular y les escribimos un "comentario" de su tuit. Esto generará involucramiento y nuevos seguidores.

8) **Entendemos que la mayoría de las personas son impacientes y quieren resultados mejores y más rápidos.** El marketing toma tiempo, no hay duda de ello. Sin embargo, hay una manera más rápida de generar algo de progreso con las redes sociales y es, simplemente, a través de los gastos en publicidad. La mayoría de los grandes sitios de redes sociales están generando mucho dinero con esta táctica, permitiendo que las personas se anuncien en su sitio web. Si busca seguidores rápidos entre su público de Facebook (por

ejemplo), entonces sencillamente le recomendamos que se anuncie en Facebook.

9) **Desde la perspectiva del contenido, el que será más visto y compartido es el auténticamente útil.** Cuando decimos la palabra auténtico, queremos decir contenido que no haya sido modificado o transformado para servirle a su clínica en generar más oportunidades de negocios.

Manejo de las molestias ocasionadas en las redes sociales

Una de las razones por las que algunos médicos se preocupan al entrar al marketing de las redes sociales es que, en primer lugar, tienen miedo de que sus prospectos y pacientes puedan dejarle comentarios negativos en sus perfiles. Bueno, la verdad del asunto es que mucha gente ya está hablando de usted (usted simplemente no lo sabe). En estos casos, nosotros preferimos participar en esa comunicación que ocurre a nuestras espaldas y no estar en desconocer lo que se esté comentando sobre nosotros.

La clave con el manejo de las redes sociales es monitorear las conversaciones que están teniendo lugar y responder en tiempo real. El componente de tiempo real es fundamental, pero la forma en que responda lo es, incluso, más. Reconozca si comete un error al participar en esas conversaciones y ofrezca alguna forma para rectificar situaciones potencialmente negativas. Mientras más rápido responda, mejor, porque todos los amigos y seguidores de aquellos a quienes responde verán sus respuestas y notarán que está tratando de enmendar la situación.

Todo lo que la gente quiere es ser escuchada y que le respondan rápidamente. Si espera por teléfono en modo de "atención al cliente" de una compañía con la que se quiere quejar (digamos, la velocidad lenta y el alto costo de su internet), ¿esta espera lo hará más feliz o, al contrario, más molesto? Probablemente, la mayoría se molestaría si tardan en atenderlo, es por eso que es bueno que responda en tiempo real de manera cortés posible y enmiende la situación, ¡por consiguiente, usted será recompensado generosamente!

Publicidad en las redes sociales

La publicidad en las redes sociales se podría decir que está en su "edad de oro" debido a la alta popularidad que presenta actualmente. Todas las redes sociales tienen mucha información personal sobre nosotros (edad, ubicación, intereses, comportamientos y mucho más). Esos datos se vuelven muy útiles tanto para los mercadólogos como para nosotros que buscamos personas específicas.

Lo que nos gusta mucho de la publicidad en las redes sociales es la opción de probar una variedad de fotos, encabezados, anuncios y páginas de inicio por un bajo costo.

Recomendaciones de Benito Novas para la creación de anuncios publicitarios en las redes sociales:

Debe tener en mente que las personas no están en las redes sociales para que usted les venda productos o servicios. Ellos van a esas redes a poner fotos de sus hijos, a ver fotos de amigos y a perder el tiempo. Los mejores anuncios son aquellos que se mezclan con el contenido (llamados publicidad nativa). Un buen anuncio nativo para una clínica estética podría ser algo así como "Los seis secretos para mantener su piel saludable". Cuando alguien haga clic en ese enlace, lo llevará a una página con los seis secretos y mucha información sobre los servicios de su clínica estética.

A continuación, le describiré cómo puede comenzar a hacer publicidad en las redes sociales:

- Escoja una plataforma con la cual comenzar. Recomiendo ampliamente que comience con Facebook ya que es la más avanzada y tiene algunas poderosas funciones (como el *targeting* por comportamiento).

- Elabore un anuncio y un encabezado interesantes. Empiece con un anuncio y luego estudie probar otras variantes.

- Coloque algunos gráficos que llamen la atención de la gente. Hay muchos lugares gratis, pero le recomiendo gráficos de alta gama. Puede obtener una subscripción en un sitio web como Shutter Stock por, alrededor de, 50 dólares al mes y bajar más de 700 imágenes en ese período.

- Diseñe una página *Landing* (éstas son diseñadas específicamente para convertir visitantes en *leads*) que siga el flujo y diseño del anuncio y la foto.

- Comience con un presupuesto pequeño o modesto. Me gusta empezar a probar un anuncio con, más o menos, 25-50 dólares por día. Todas las diferentes plataformas tienen diferentes capacidades de presupuesto y formas para probar. Me gusta enfocarme en algo llamado "costo optimizado por conversiones". Esto permite a Facebook optimizar mis gastos basándose en conversiones (ventas). Simplemente, instale un código rastreador en la página de agradecimiento de la conversión para rastrear un *lead* o una venta, por ejemplo. También puede anunciar por clics, por "Me gusta" de Facebook o simplemente por impresiones (vistas).

- Pruebe, pruebe y pruebe. Rápidamente verá cuáles de sus fotos y anuncios funcionan mejor. Elimine los otros y haga más anuncios que sean similares al que estaba funcionando mejor. Este proceso debería ser una batalla sin fin ya que las cosas siempre se pueden mejorar. Debería probar diferentes encabezados.

- Escoja y domine una plataforma en la cual enfocarse. No agregue otra plataforma a la mezcla hasta que tenga el ancho de banda para hacerlo.

- Programe un calendario editorial de 30 días por adelantado. Esto le permitirá asegurar que tiene contenido planeado y organizado.

- Use Google Analítics para rastrear su progreso. No se desanime porque sienta que no puede rastrear sus esfuerzos de marketing social. Establezca paginas *Landing*, números de teléfonos personales e, incluso, códigos promocionales para que pueda seguir el dinero de su práctica.

- Automatice las publicaciones de tal manera que tengan sentido. Use una herramienta como *Hootsuite.com* para hacer esto, lo cual le generará más tiempo para involucrarse con personas en tiempo real.

- Monitoree su marca y en las conversaciones donde se le incluya. Asegúrese de adelantar y ordenar las cosas (de ser necesario) tan pronto como sea posible o agradezca a la(s) persona(s) por los cumplidos.

- Encuentre una forma de hacer la plataforma única. Si tiene seis redes distintas, trate cada una de manera diferente y solo ofrezca tratos especiales a una de ellas.

- ¡Sea auténtico!

El marketing de redes sociales es una tendencia que se hará más fuerte. No se empantane con todos los detalles ni se abrume con el número de plataformas. Escoja una plataforma, domínela y luego agregue una segunda plataforma cuando tenga "ancho de banda extra". Mantenga los pies sobre la tierra y recuerde ser auténtico. Le prometo que su tiempo en redes sociales será bien invertido y los dividendos empezarán a llegar.

CAPÍTULO 6

Creación de la primera página web para promocionar su oferta *(Lead Magnet)*

¿Su página web captura correos? ¿Sabe si la suya está orientada a conversiones? A decir verdad muchos de ustedes ya cuentan con una página web; otros, quizás, aún no. En fin, la tenga o no, necesita saber que es muy importante entender su relevancia para conocer qué esperar. Una página web, podrá seguir sonando antiguo, pero es sin duda una carta de presentación muy valiosa (como lo es su oficina, su personal u otro elemento de su manual de marca), dado que es la primera impresión que muchos se llevarán de usted y su práctica.

Las páginas web, junto con la identidad digital tienen varios objetivos en relación con el usuario que la visita, entre estos:

- Generar confianza de que el producto o servicio ofrecido tiene estándares adecuados.

- Facilitar un medio para mostrar el portafolio que se ofrece.

- Disponer de una tarjeta de presentación más completa.

- Comunicar quién es usted.

De todas las anteriores, sin duda, consideramos que la identidad digital de un médico debe ir dirigida a crear confianza. Por lo tanto, toda su presencia web debe estar sustentada y diseñada para ello, sin importar si su intención es atraer más clientes o, incluso, tener reconocimiento dentro del gremio.

Una página web, como un elemento de comunicación en la marca personal de un médico, debe estar acorde con su estrategia organizacional y comunicacional. Eso quiere decir, que cada vez que haya un cambio de estrategia empresarial, (su página web) debería formar parte de las "actualizaciones" de su manual de marca o comunicaciones.

Por lo tanto, deje de resistirse a que las páginas web sean un ejercicio de una sola vez, pues seguramente tendrá que actualizarlas constantemente. No le podríamos decir cada cuanto tiempo cambiarla, pues esto está sujeto a muchas variables que van atadas a la particularidad de su práctica, pero sí le puedo recomendar que, cada vez que su estrategia empresarial o meta organizacional cambie, esto se deberá reflejar en su página web.

Ahora bien, si no tiene una página web, entonces, sencillamente deberá crear una. Y si ya la tiene, debe asegurarse que esta cumpla con la recomendación anterior. En el segundo caso, haga el siguiente ejercicio con alguien, por ejemplo, con un paciente que conozca su práctica. Coméntele sus objetivos organizativos y pregúntele si, en su opinión, lo que ve tiene coherencia con lo que se pretende. Para alejarse un poco de la subjetividad es recomendable preguntarles a varias personas qué impresión les genera su página web.

Algo muy importante por considerar, es que tanto su web como su identidad digital, debe generar un buen posicionamiento (SEO). Cuando vaya a crear la web, o esté en proceso de modificarla, asegúrese que su "desarrollador web" conozca los estándares de posicionamiento web; pues, de lo contrario será imposible salir en motores de búsqueda como Google o Yahoo. Y más importante aún, asegúrese que su web es "Mobile Friendly", ya que la mayoría de los accesos a redes sociales y consultas del internet se hacen desde dispositivos móviles.

Ahora bien, entremos en materia **¿qué debería tener la página web de un médico?**

- Información sobre el médico.

- Información sobre el equipo humano (Staff).

- Información sobre el portafolio de productos y servicios.

- Fotos de antes y después.

- Testimonios.

- "Guía para pacientes". Preguntas e inquietudes más frecuentes.

- Información educativa de tipo blog dirigida al paciente.

- Redes sociales.

- Formulario de solicitud de información.

- Información de contacto.

- Opción de mostrar en diferentes idiomas (preferiblemente, español-inglés).

- Fotos de los espacios o su consultorio.

- Site Map (para términos de posicionamiento SEO).

Ya que los servicios profesionales del mercado estético se ofrecen, principalmente, a mujeres, todas nuestras comunicaciones, deberían ir dirigidas a ellas. Cada acción debe hablar a nuestro segmento de mercado, inclusive nuestra página web. Hemos visto webs de doctores que se entrenan con nosotros, con unos tonos muy "masculinos", con poca emoción, poca imagen. En general, estamos seguros que la mayoría de los médicos que leen este libro y que tienen una página web, entran en esta categoría.

Recuerde, que su página web debe hablarle a su público. Si la audiencia es femenina, entonces deberá tener en cuenta los colores y el tono en que se escriben (mensaje de texto) debe ser siempre cercano y amigable. Este principio aplica a todo lo que haga profesionalmente. Las decisiones dejan de ser subjetivas y más efectivas en el momento en que su público es quien toma las decisiones por usted.

Es importante que escoja un desarrollador web que entienda esto. Probablemente, ellos no tengan experiencia previa en el mercado estético, por eso es fundamental que usted conozca su mercado para que pueda darle las directrices necesarias. El primer libro de Benito Novas, *Conoce al paciente estético* es una excelente guía para iniciar. En nuestra página web *www.esteticamarketing.com* encontrará el libro para descargarlo.

Respecto a este principio le recomendamos que muestre su faceta más humana. Los títulos y reconocimientos son importantes, pero su carisma personal y el de su equipo lo es mucho más. Utilice tantos video como pueda, que sean cortos, que no superen el minuto (hasta 3 minutos también es viable), que muestren su lado personal. Por ejemplo, puede hacer videos de las fiestas de Navidad de su equipo de trabajo. Déjele saber a la comunidad quiénes son las personas que componen dicho equipo.

Un video personal que indique sus pasatiempos e intereses, por ejemplo, jugar golf o que explique cómo se enamoró de la medicina estética y qué significa para usted este término. Estos son solo algunos temas y, por lo tanto, es importante que los pacientes conozcan su target para así construir puentes entre los gustos de ellos y los suyos y por consiguiente estos le generarán *engagement* (fidelización).

La página web orientada a la conversión

Una página web orientada a la conversión ayuda a su propietario a vender. No se equivoque, la página web ES UN PUNTO DE VENTA. En el caso de un consultorio médico, la página web debería facilitar o animar al usuario a visitarlo. Es importante, que recuerde lo siguiente: "siendo usted el producto principal de su consultorio; lo que necesita de su identidad digital, además de generar confianza, en términos de conversión, es que los interesados quieran visitarla". A continuación unas sugerencias claves para tener en cuenta:

Titular

El titular es su "discurso de venta". Es decir, una síntesis sobre qué van a encontrar los visitantes en su página web. Ejemplo:

Subtitulares

Evite palabras técnicas. Explique de manera simple qué tipo de servicios o productos ofrece.

Beneficios

En toda página se deben recalcar los beneficios y ventajas de sus productos o servicios. Ejemplo: ¿Cuáles son las ventajas de usar bótox y de realizarse una cirugía facial? ¿Por qué deberían hacerse tratamientos de desintoxicación antes de una cirugía plástica? Etc.

Llamado(s) a la(s) acción(es) principal(es)

Incluya, constantemente y múltiples llamados a la acción (CTA= *Call To Action*). Solicitar correos o teléfonos es la mejor forma. Eso sí, asegúrese de que diariamente su equipo esté revisando qué personas quieren información adicional.

Los CTA no son iguales para todo el mundo. Es necesario priorizar la naturaleza de su audiencia. Por ejemplo, en muchas prácticas médicas lo más importante es retener al usuario que ya ha tomado una decisión y está próximo a convertirse en un cliente; pero, el segundo usuario, en orden de relevancia, es aquel que quizá no haya tomado una decisión aún, pero está en la búsqueda de la información requerida.

Siguiendo este esquema de prioridad, el CTA más común (para quien ya esté listo para ser cliente), es ubicarlo en la primera pantalla (antes de mover el *scroll*) para que el usuario no tenga que recorrer la página y ver información irrelevante para él, sino que encuentre lo que necesita en primera instancia.

El segundo usuario se tomará más tiempo para recorrer la página, leer las entradas del blog, etc. Por lo tanto, es importante que la navegabilidad de la página sea sencilla y le muestre al usuario lo que quiere ver sin necesidad de hacer muchos clics.

Funcionalidades o características del producto

Debe enumerar las características del producto o del servicio. Imagínese que ofrece "peeling facial en su consultorio". Describa al detalle cosas como:

- ¿Qué es un peeling facial?

- ¿Es el tratamiento adecuado para mí? Explique para qué pacientes está destinado cada tratamiento.

- Hable sobre todo, de las expectativas. El manejo de expectativas de un paciente estético es uno de los asuntos más importantes. Incluya fotos del antes y después.

Testimoniales (prueba de clientes)

Incluya testimonios de pacientes, preferible si lo hacen en video. Por favor, que sean pacientes reales. Los internautas son muy apasionados porque el contenido se sienta genuino. No son fáciles de engañar.

Indicadores de éxito

Hable de todos los reconocimientos profesionales que el doctor ha tenido. Recuerde que generar confianza, como hablamos con anterioridad, es una de las prioridades.

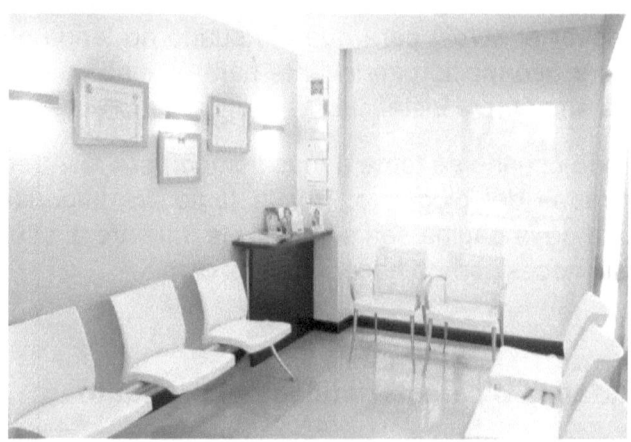

Navegadores y página de inicio

Mantenga su página web lo más sencilla posible. No se trata de llenar por llenar, sino dar valor a su contenido web. Asegúrese que durante la navegación de su página, en la parte superior, siempre haya forma de volver hacia atrás. Evite los clics en exceso, los usuarios no son muy pacientes; por lo tanto, enfóquese en que su página no requiere muchas rutas para llegar a cualquier destino.

¡Imágenes, muchas imágenes!

Vivimos en una era supremamente visual. Por lo tanto, priorice el contenido visual con muy poco texto. Si quiere más información puede visitarlo en consultas (que es el objetivo principal que debería perseguir su página web, en términos de conversión).

Utilice imágenes propias, no descargue imágenes de galerías en internet. Utilice también videos cortos, pero sobre todo, evite textos muy extensos que solo puedan aburrir al público en general.

Ofrezca contenido de calidad

Una de las estrategias más comunes para generar interesados, es publicar contenidos de valor, tales como Ebooks, artículos, etc. que aparte de descargarlo, también dejen sus datos en su web.

Aunque los médicos estéticos exitosos lo aplican, le recomiendo que deje esta parte de la web para una etapa donde su marketing sea muy robusto.

Con marketing "offline" hago referencia a su personal y todo lo que ocurra en su consultorio mientras venda su producto; es decir, a USTED mismo. Desde cómo levantan el teléfono, hasta cómo hacen seguimiento a la calidad del material que utilicen para comunicar su valor médico (para más información al respecto, visite nuestra página web en la categoría cursos en línea: "Tu consultorio es una mina de oro").

Para hacer una página web orientada a conversión, es importante tener en cuenta que es un trabajo arduo que conlleva un equipo importante, entre ellos:

- El programador web.

- El diseñador gráfico.

- El editor de videos.

- *Copy* o persona que redacte los contenidos.

- Su equipo y usted son quienes deciden qué contenidos plasmar.

- El traductor, si fuera el caso.

Si no tiene los recursos o el tiempo para hacer algo de calidad, es recomendable crear perfiles en las redes sociales para ganar antigüedad en las plataformas (Facebook, Instagram, Twitter). Recuerde, que es importante que estos perfiles estén abiertos a todo el mundo.

Como todo en la vida, es mejor hacer las cosas bien una vez, que estar "mejorando" muchas veces.

CAPÍTULO 7

Cómo generar tráfico web: si no lo ven, no existe

¿Qué es tráfico web?

El tráfico, es una palabra muy recurrente en marketing digital. Hace referencia al número de personas que ven sus comunicaciones, es decir, el número de personas que pueden ser influenciadas por usted a través de sus canales de comunicación.

Una de las formas más rápidas de atraer nuevos y calificados prospectos es usando publicidad "pago-por-clic" (PPC). Pago-por-clic significa, exactamente, lo que suena. El anunciante paga solo cuando alguien le da clic a su anuncio. Es, probablemente, la mejor manera de obtener tráfico inmediato.

Cuando la PPC salió por primera vez, fue algo revolucionario. Con la publicidad tradicional, paga por el número total de personas que son expuestas al anuncio, ya sea que estén interesadas en él o no. Podría pagar mucho dinero por un anuncio en el que absolutamente nadie tiene interés.

En PPC, sin embargo, no le cuesta nada cuando alguien ve pasivamente su anuncio. Solo se le cobra cuando alguien hace clic en él, lo que indica que, al menos, tienen interés en el tema.

En el capítulo 11 compartiremos con usted cómo hacer PPC en Google, Bing, Facebook y LinkedIn. Su meta será seleccionar uno de estos, configurar una cuenta y poner a correr el anuncio.

Canales de comunicación

Hay muchos canales de marketing disponibles en el mercado. Hay que elegir dichos canales en función de las consideraciones de su negocio en particular y de su *target*.

A la hora de invertir en publicidad, es crucial, que defina qué canales de venta va a utilizar. Además es necesario que conozca su presupuesto por prospecto.

Déjenos traducir esto, porque es importante. Si ya está listo para invertir en publicidad, necesita tener muy claro los presupuestos comerciales y los costos de cada canal. Durante nuestros años como directores comerciales para varios negocios estéticos y plásticos, el principal reto con el que nos encontrábamos era comunicar o introducir productos o servicios nuevos, sin presupuesto asignado. Como cualquier otro servicio, cuanto más novedoso sea, por ejemplo "El chip de antienvejecimiento masculino", mayor inversión habrá que hacer en su comunicación y educación hacia su audiencia. Ya que al igual, ni usted ni nosotros, sus clientes no nacieron aprendidos. A esto le llamamos: crear la necesidad.

Hacemos especial hincapié en el aspecto del presupuesto comercial, porque a los médicos se les olvida una "ley universal" asociada a nuestro negocio (y a muchos otros más), "se trata de parecer más que ser". Si sus prospectos no lo ven, no reconocen su valor, simplemente, no los tiene. La impresión e interpretación de su servicio tiene la misma importancia que su calidad.

Nos hubiera gustado que en las escuelas de medicinas le hubieran dicho esto a tiempo. No es una alternativa invertir en "mercadeo", muchas veces, mal utilizado el término. Es una obligación, porque si sus prospectos no reconocen su valor, por lo que ellos vean o experimenten, difícilmente van a lograr desarrollarse como la mejor versión profesional de usted.

Antes de definir los presupuestos comerciales, hágase estas preguntas:

- ¿Conoce el porcentaje de cierre de sus interacciones en ventas? Es decir, si conoce su tasa de conversión. Una tasa de conversión, se podría definir como el porcentaje de ventas que tiene, del total de visitas recibidas en su consultorio. Este dato es FUNDAMENTAL tenerlo. Si usted es un médico con una alta tasa de visita, es muy difícil tener este dato "con notas a mano", va a necesitar un *software* que lo ayude, porque la persona que lo visitó hoy, pudiera llegar a comprarle en 3 años.

- Ganancia por prospecto. Una vez sepa su tasa de conversión por visita al consultorio, determine el valor económico de la ganancia que obtenga en realidad.

Yo, Tamara Páez, trabajé para un doctor por muchos años y él tenía los siguientes datos: recibía semanalmente un promedio de 15 visitas por semana siendo su tasa de conversión quirúrgica (el número de cirugías plásticas realizadas) 30 cirugías mensuales. Esto le daba una tasa de conversión mensual aproximada del 50 %. Asimismo, las ganancias antes de impuestos rondaban el 60 % de los ingresos por cirugía plástica (para poder determinar la ganancia por prospecto, debe conocer sus costos fijos y operacionales que va a imputar a su flujo de caja).

Es fundamental que conozca estos datos porque así ya estarán en condición de elegir qué canal utilizar. Aquí le pongo algunos ejemplos:

Por supuesto que no en todos los canales de comunicación va a hablar de la misma manera. Cada una tiene su propio estilo y propósito, por ejemplo:

Canales de Marketing

- Ubicación
- Conferencias
- Webminars
- Tradeshows
- Ferias
- Asociaciones
- Empresas
- Clubs
- Meet Up
- Eventos de Networking
- Trípticos
- Apps

- **Facebook:** en modo "entretenimiento" es la red donde la gente pasa gran parte de su tiempo y alberga un grupo muy amplio de personas. Es una red muy diversa donde puede encontrar una gran parte de su nicho, cualquiera que este sea.

- **Google:** en modo "búsqueda"; es uno de los factores más importantes a la hora de comunicar credibilidad. Es el primer paso al que la gente recurre a la hora de tomar una decisión.

- **LinkedIn**: en modo "B2B"; es el lugar perfecto para generar alianzas y publicar contenido, generalmente de tipo investigativo. Esta es la red del reconocimiento entre pares.

- **Instagram**: en modo "creativo"; es la red visual por excelencia. Albergando una población más joven, y es quizá la red más sencilla para crecer, pero más difícil alimentar.

- **YouTube**: en modo "entretenimiento" o "académico", YouTube, al igual que Google, es un lugar para la toma de decisiones y, en especial, para las nuevas generaciones.

- **Snapchat**: modo "casual"; es quizás la única donde la interacción es muy poca. Aun así, es la red perfecta si su audiencia está por debajo de los 20 años.

Las opciones son muchas. No hay certeza de conocer cuál le va a servir y cuáles no. Se trata de PRUEBA y ERROR, además de conocer su nicho a profundidad.

En nuestras experiencias hay ciertos canales que coinciden en las prácticas estéticas más exitosas. Estos canales son:

- **Facebook**

- **LinkedIn**

- **YouTube**

- **Instagram**

- **Tele mercadeo**

- **TV**

- **Ubicación**; como lugar estratégico, sobre todo para tener en cuenta por los dueños de Medical Spa o centros estéticos

- **Webinars y conferencias.**

- **Email Marketing.**

- **Eventos o showrooms.**

Una vez decidido los canales de venta que se adapten más a su estrategia es cuestión de conocer las inversiones necesarias.

Las tasas anteriores, la de conversión y porcentajes de utilidad, le servirán para dar prioridad a los canales. Como pasa con cualquier negocio, los recursos son limitados, tanto en tiempo como en dinero. Por eso, aunque usted quiera estar en todos lados, eso no será estratégico ni rentable. Elija al menos tres (siempre utilice Facebook, Instagram y Google) y céntrese en tener los mejores canales de comunicación posible.

Y por favor, no le pida a su sobrino que le "publique". Como si esto de generar contenidos, lo pudiera hacer cualquiera. De la misma manera que, una enfermera no está capacitada en poner un bótox. No porque su asistente (o sobrino) sepa escribir, significa que éste esté en condiciones de generar marketing de contenido. Subcontrate un profesional de esta área. A la larga le saldrá más rentable.

Pilares de comunicaciones de su tráfico web

Aunque esta parte está más orientada hacia un módulo de "*Content Marketing* o Marketing de contenidos", me parece relevante recordarle, que todo canal debe tener contenidos (textos, fotos, videos, GIF, etc.) únicos y originales. Y es crucial que usted decida cuáles usar.

Antes de continuar es recomendable que responda a estas preguntas:

- **¿Tiene una estrategia definida para sus referidos, clientes actuales y prospectos?** Entendamos por referidos a aquellas personas del entorno inmediato y personal de sus clientes. Las estadísticas dicen que un cliente feliz puede llegar a referirlo hasta tres personas de su confianza. Entendamos por prospectos, a aquel grupo de personas interesados en su producto o servicio, pero que aún no lo han comprado. Son los futuros compradores o potenciales compradores. **¿Hablaría de igual manera a su cliente, a su papá y a su asistente?** Probablemente, no. De acuerdo con la información de la personalidad, estilo y situación, estamos convencidos de que esta será adaptada de acuerdo con el tipo de sujeto con el que se esté interactuando (al menos, para los que intentamos ser asertivos). Lo mismo ocurre con sus clientes. No se le puede hablar igual al que ya le confió y le compró, como al que nunca le ha confiado y por eso no le ha comprado. Fíjese lo que estamos diciendo, la relación entre compra de un servicio estético está muy ligada a la cantidad de confianza que usted y su equipo generen.

- **¿Ya probó con, al menos, diez canales de comunicación distintos?** Si aún no ha probado de forma consistente con diez canales, o más, entonces no tiene derecho de quejarse sobre por qué no ha conseguido clientes.

Un dato importante, para los que empiecen en la generación de marketing de contenidos y en la comunicación con sus clientes por medio de las redes sociales:

Al principio, hay que compensar con CANTIDAD, LO QUE SE NECESITA EN CALIDAD. Eso quiere decir, que debe tener suficiente presupuesto para tener bastantes contenidos (al menos tres al día), de manera consistente. No hay nada peor que visitar una red social empresarial que no tenga ningún tipo de contenido desde hace mucho tiempo. Estas prácticas lo desacreditan automáticamente. Por lo tanto, vaya poco a poco, asegurándose de que tiene los recursos necesarios para tener más de un canal de comunicación y manejarlo consistentemente.

Antes de explicar términos algo más técnicos, hay ciertos aspectos estratégicos fundamentales para entender como médicos o personal médico. Cada profesional de la salud tiene distintos ciclos de atención en su servicio. Por ejemplo un cirujano plástico tiene un ciclo de atención parecido a lo siguiente:

- Solicitud inicial de información por parte del prospecto.

- Valoración médica inicial.

- Entrega de exámenes y valoración médica.

- Aprobación de presupuestos y trámites administrativos.

- Fotos prequirúrgicas.

- Cirugía.

- Masajes linfáticos postoperatorios.

- Controles médicos postquirúrgicos.

Por ejemplo, un médico estético, que ofrece bótox y ácido hialurónico entre otros en su consultorio, tiene también un ciclo particular de atención en su servicio. Pudiera ser uno parecido a este:

- Solicitud inicial de información por parte del prospecto.

- Valoración médica.

- Aprobación de presupuesto.

- Cronograma de procedimiento.

- Procedimiento no quirúrgico.

- Controles médicos postratamiento.

Dependiendo del servicio que ofrezca, el ciclo de atención de su servicio es distinto al de otro profesional. Incluso, los ciclos de atención del producto pueden variar por producto, valga la redundancia, o servicio en el mismo consultorio médico.

¿Por qué es relevante, en la generación de tráfico, entender esto? Porque, dependiendo de su ciclo anterior, puede orientar su estrategia comercial con los siguientes canales de venta:

- **Sus clientes.** ¡Sí, oyó bien!, sus clientes son su principal canal de venta o de tráfico. Ya que un cliente satisfecho, traerá con él, varios recomendados. NO HAY MEJOR INVERSIÓN QUE UN BUEN SERVICIO EN EL CONSULTORIO, ANTES Y DESPUÉS DE LA VISITA. Preste mucha atención a esto. No solo si están contentos con el servicio *in situ*, sino también con el trato recibido y el contacto mantenido con ellos después de la venta. En general, es que a usted no lo olviden. Y que lo recuerden positivamente. El "boca a boca" es y será el mejor canal de venta de cualquier profesional estético.

- **Sus referidos.** Tiene que pensar en cómo sus clientes le pueden ayudar a vender a sus referidos. De hecho, la mayoría de ustedes no tienen ninguna estrategia de referidos establecida en el consultorio. Y ese es el principal error del porqué no pudiera más. Muy probablemente hace falta incluir un plan de incentivos para que sus clientes dediquen su tiempo en ayudar a vender sus servicios. Nada más con esto, es muy fácil triplicar sus ventas.

  Haga un "Open Show" con sus diez pacientes preferidas, invítelas a traer, al menos, a tres amigas. Prepare una charla de antienvejecimiento o tratamiento hormonal. Unas copas de vino, unos quesos y unos regalos que cualquier patrocinador estaría dispuesto a entregarle con gusto. A sus clientes, regáleles un peeling facial. Algún tratamiento no invasivo o el 50 % de su próximo bótox. Estrategias, hay muchas, pero debe implementar una de los referidos dentro de su clientela, sí o sí.

- **Sus prospectos.** Son aquellas personas que no le han comprado aún pero han mostrado algún tipo de interés en su servicio. El gancho para ellas puede ser un "EBook" con los productos alimenticios más nutritivos, las vitaminas que hay que tomar al llegar a cierta edad, etc. En definitiva, es necesario dar importancia a las interacciones que su prospecto tenga con su marca. Como ya se había mencionado anteriormente, un valor diferencial es tener un carrito saludable en su consultorio, con barras de cereales, una cafetería autoservicio con buen café, buenas revistas que armonicen los tiempos de espera, tomas disponibles para cargar dispositivos móviles. Cuando esté preparando su estrategia empresarial para conseguir más ventas de sus interesados, asegúrese de hacerlos sentir importantes y valorados.

CAPÍTULO 8

Herramientas para iniciar el negocio del marketing digital

¿Tiene alguna herramienta de automatización para conocer cuántas llamadas recibe al día? ¿Cuántos de los prospectos se convierten en venta?

Para prepararse en este negocio, necesitará de un kit de herramientas básicas con algunas tecnologías novedosas. Aquí están las fundamentales que recomendamos para que empiece a adoptar e implementar en su organización:

- Un sistema de marketing móvil (App móvil para crear contenidos).

- Un sistema de manejo de relaciones con pacientes basado en internet. Algunos de ellos Salesforce.com, RD Station, Hubspot.

- Si va a procesar órdenes en línea, necesitará una herramienta de carrito de compras y un módulo afiliado.

- Un sitio web móvil reactivo (Mobile frieudly).

- Una plataforma para comunicarse virtualmente y colaborar con su personal en la compañía. Nosotros preferimos herramientas de colaboración Google Apps. Esta nos permite dirigir compañías sin una oficina física.

Aprovechamiento de las herramientas para acelerar y automatizar su marketing

Como hemos dicho varias veces, la velocidad es una gran ventaja cuando se trata de mercadeo. Habiendo dicho esto, entendemos que hay un número limitado de horas al día para hacer que las cosas sucedan y que usted, probablemente, tenga recursos limitados. A continuación habrá una lista de recursos distribuidos por sección que puede aprovechar para mejorar su marketing y ayudar a automatizarlo. En lugar de facilitarle 50 opciones diferentes de cada uno, hemos decidido limitar las opciones a aquellas que hemos usado personalmente. Deseamos que vea este libro como una guía que le permita moverse y entrar en acción, en lugar de quedarse paralizado analizando.

Herramientas de prospección

Puesto que este libro se trata de aspectos en el marketing digital en su consultorio médico, es fundamental volvernos un poco técnicos. No pretendo ir demasiado al detalle porque, de hecho, creo que un médico debe subcontratar este tipo de servicios. No obstante, como en cualquier cosa que uno delegue, uno debe entender en qué consiste el trabajo para así poder medirlo y controlar los resultados.

Dicho esto, a continuación, voy a citarle las herramientas más comunes relacionadas con el marketing digital en la generación de tráfico. Si le dedica algo de tiempo en entender estas herramientas, le aseguro que sus proveedores no le podrán obviar información en sus reportes.

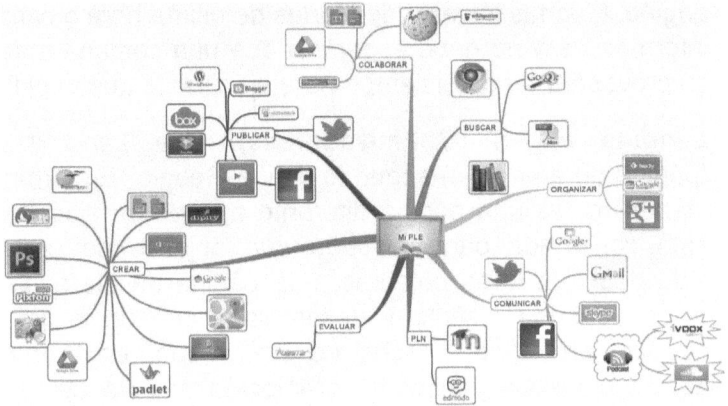

- **Compra de dominios y almacenamiento-hosting.** Como ya comentamos con anterioridad, tener una página web es fundamental. Aunque en sus inicios pudiera manejarse con una página de Facebook, lo cierto es que sí está en el mercado hispanohablante, necesitar una página web en algún momento, es un paso que no puede obviar. Esto se debe a que, a diferencia de los anglosajones, somos más tradicionales en lo que un "profesional" debería parecer o tener. Y una web, es una de estas. Hay varios sitios en internet para comprar y alojar las URL de su negocio. Tales como *godaddy.com* o *fatcow.com*. Asegúrese de que sus dominios no se venzan, porque recuperarlos le puede costar mucho dinero. Incluya alertas en su correo electrónico para recordar las fechas de pago. O, mejor aún, compre el dominio durante períodos de, mínimo, cinco años y así no olvidará renovarlo, con el riesgo de tener que pagar 100 veces más de lo que costó.

- **Wordpress.** Esta es la herramienta más popular para montar una página web, principalmente por su experiencia de usuario. Aunque los profesionales proveedores de marketing digital le van a proveer estas herramientas, es MUY, MUY importante, que todas las claves de su web y cualquier herramienta digital estén bajo su control. Además, que usted o su personal de confianza sepa como mínimo la forma de actualizar información de contacto en la página web. Es muy fácil, pídale a su proveedor de página web una capacitación básica para que su equipo o usted sepan cómo actualizar contenido en la página. Muchas veces, hay ofertas de última hora o cambio de información, y no debe esperar a que una semana más tarde su proveedor tenga el tiempo para ejecutar lo que le pidió.

- *Landing Pages* (**Optimizedpress**). Una *Landing Pages* (página de aterrizaje) según lo define Google "En términos de marketing, es una página diferente a la de su sitio web que está construida para conseguir un objetivo de conversión individual. En otras palabras, una página de aterrizaje debe estar diseñada, escrita y desarrollada con un propósito de negocio en mente." Dicho de otro modo, en teoría, toda acción comercial, tal como promoción del día de la mujer, debe tener una *landing page*. De igual forma, OptimizePress es una herramienta que le ayudará a generar *landing pages* de manera muy sencilla. No es gratuita, pero a la larga, si tiene un departamento propio, es mucho más rentable. Es un "pluggin" pago que debe instalarse en el WordPress de su página web. Y puede crear ilimitadas ofertas comerciales.

- **Email marketing (Active campaig o Mailchimp).** Al hablar de Email Marketing muchos piensan inmediatamente en "spam", todos esos correos de promociones molestos que tienen una comunicación unidireccional, pero no es necesariamente así. El Email Marketing es el arte de saber comunicar adecuadamente. Este pretende crear valor al lector y, si se hace bien, puede generar mucho dinero. Active Campaign es la herramienta de automatización de correo más completa que hemos utilizado hasta el momento. Lo que más nos gusta de ella es que se pueden automatizar correos con distinciones dependiendo del target a los cuales se dirige. Y mucho mejor aún, tiene un CRM (indispensable para tener un buen control sobre sus posibles clientes) muy sencillo de usar para dar respuesta a esas personas interesadas. Es una herramienta algo compleja. Va a llevar bastante tiempo entender. Si está empezando con acciones comerciales, no se la recomendamos por ser considerada una herramienta muy "pro". Encuentre un protocolo más básico sobre Active Campaign o de Mailchimp y sus bondades y cómo puede ayudarse a generar más tráfico en *www.esteticamarketing. com*.

- **Las KEYWORDS** o traducidas como "palabras clave" son los pilares básicos donde se nutre cualquier estrategia de marketing en línea. Google se inventó una forma de asociar contenidos similares y lo hace por medio de unas palabras. Estas palabras son como carpetas o fólderes, donde todas las búsquedas son "etiquetadas" por estas palabras claves. Sus proveedores digitales serán los encargados de facilitárselas, de manera que esas palabras claves estén en todas sus comunicaciones digitales y así ayudarlo a posicionarse en el maravilloso mundo del SEO y tener ese deseado puesto de estar en las primeras páginas de Google.

Herramientas donde pueda conocer sus palabras clave:

1. Google Autosuggest

2. Ubersuggest

3. Google Keyword Planner

Keywords	Count	Percentage
Belleza	4	4.3%
Virtud	4	4.3%
Como	2	2.15%
Alma	2	2.15%
Definición	2	2.15%
Lipoescultura	1	1.08%
Generación	1	1.08%
Nueva	1	1.08%
Que Busca	1	1.08%
Bellos	1	1.08%
Cuerpos	1	1.08%

- **El hashtag** es una palabra o frase precedida por el símbolo #. Los *hashtags* son útiles en sus estrategias de redes sociales, debido a que generan una mayor visibilidad en el sitio y le permiten posicionarse en temáticas específicas, incluso con sus valores de marca. Es una manera fácil y sencilla de llegar a las personas que potencialmente pueden estar interesadas en tener información sobre un tema específico.

- **Posicionamiento web,** para asegurarse de que su contenido e información se encuentren, preferiblemente, en los primeros puestos de los buscadores hay varios caminos, que deben funcionar; aquí sus definiciones básicas.

  - **SEO Search Engine Optimization:** optimización de los motores de búsqueda. Es el desarrollo de un conjunto de estrategias enfocadas a preparar una página web para ganar relevancia y que aparezca en los primeros resultados de los motores de búsqueda. El SEO hace implementación de las buenas prácticas promovidas por los principales motores de búsqueda y se alimenta de la estrategia de palabras claves creada para unir los servicios de una empresa a las necesidades de los clientes.

  - **SEM Search Engine Marketing**: marketing en motores de búsqueda. En pocas palabras, el SEM es la publicidad paga que, al igual que el SEO, está optimizada de acuerdo con la necesidad de los usuarios que utilizan motores de búsqueda. Esos anuncios que ve cuando abre un motor de búsqueda como Google, son el reflejo del SEM.

  - **SERM Search Engine Reputation Management**: gestión de la reputación en los motores de búsqueda. Controlar su reputación en línea al aparecer en los motores de búsqueda de acuerdo con la autoridad estandar de dominio y correcta aplicación de buenas prácticas SEO.

  - **SERP Search Engine Results Page:** página de resultados de motores de búsqueda. Es la página que aparece al realizar una búsqueda y corresponde a los diez primeros resultados y es la meta de toda estrategia SEO, tomar control de la búsqueda activada por palabras claves en alguno de los motores de búsqueda.

  - **Indexación:** la indexación es el proceso mediante el cual los motores de búsqueda como Google y Bing examinan el contenido y la *metadata* del sitio en busca de información valiosa con el fin de comprender la función específica que cumple dicho sitio web. La indexación es la manera en la que los programas como el *GoogleBot* deciden qué relevancia alcanza el sitio y qué importancia tiene para los usuarios. Eso quiere decir, que una mala indexación implica que su contenido no será mostrado. Este término cobra especial cuidado con YouTube, ya que las primeras 24 horas son cruciales para que Google lea su contenido como relevante y gane tráfico.

- **Algoritmo de los buscadores (actualización):** cuando vamos a buscar algo (por ejemplo en Google), lo que queremos es una respuesta exacta, no millones de páginas que no tengan nada que ver con nuestra petición. Un algoritmo es entonces la herramienta perfecta para llevarlo a donde necesita ir, ya que es una fórmula creada para buscar indicios que guíen a una respuesta relevante. Este proceso hace que los algoritmos identifiquen sus preguntas y las conviertan en respuestas teniendo en cuenta las preferencias de cada usuario.

- *Content marketing:* para poder tener relevancia como marca, debe generar contenido afín a sus seguidores. Las redes sociales no son solo una voz dirigiéndose hacia el público, su formato revolucionario precisamente exige que haya interacción y no puede haberla si solo habla del mismo.

- **Google ads and adwords:** es una herramienta que le posibilita anunciarse en Google. Existen diversas maneras de implementarlas desde contenido gráfico, búsquedas hasta productos específicos. Es una herramienta que para el mercado estético presenta una gran variedad de posibilidades. Combinados con las landing pages se convierten en un poderoso instrumento de leads.

Las anteriores herramientas son muy técnicas y recomendamos subcontratarlas a profesionales del sector. Sin embargo mensionamos dos herramientas de conversión sí puedes desarrollar tú mismo en tu consultorio.

- **Facebook ads:** fue el principal medio que utilizo para generación de leads sobre todo para asistencia de eventos, promociones en el medical Spa. Facebooks Ads sirve incluso para promocionar concursos entre los pacientes. Es una herramienta barata para el mercado hispanohablante, al menos por el momento. Aunque Facebook ofrece mucha solicitud de información al respecto, le recomiendo que subcontrate este servicio, pues el costo de la pauta es modificable y aparentemente amigable, pero se requiere un conocimiento amplio en segmentación y en favorabilidad del algoritmo para ejecutarlo de una manera óptima. Y por supuesto, por tratarse del mercado estético considere publicidad en Instagram también.

- **Embudo de conversión digital:** un embudo de conversión es la secuencia de las páginas web que tienen un propósito comercial. El embudo se puede definir como la cantidad de interacciones que tiene desde que "saluda" por primera vez a su prospecto hasta que le compra, una o múltiples veces. El objetivo de esta herramienta digital es muy importante porque le permite conseguir correos que alimenten su email marketing o su base de datos. Convirtiendo las visitas de su web a correos en su lista. Generar bases de datos de personas interesadas en sus servicios o productos es primordial. Lo primero que hay que hacer es diseñar ese camino de conversión. Esa imagen le provee un ejemplo de un camino de conversión.

Los que nosotros hemos usado con mejores conversiones están basados en los siguientes pasos:

- **Definir la fuente de tráfico:** una de las que mejores resultados nos ha dado, es Facebook ads pero también Adwords red de display y shopping ads, pueden funcionar. Es una herramienta económica que puede llegar hasta un 20-40 % de conversión. Quiere decir que si pone 100 dólares en la herramienta y le genera 100 prospectos, es muy probable que llegue a filtrar entre los que le preguntaron por su servicio unas 20-40 personas potenciales para ser clientes. (no necesariamente quiere decir que le vayan a comprar).

- **Página de aterrizaje (Landing page):** le animo a que tenga una Landing Page por producto o servicio. A continuación los aspectos más relevantes de una página de aterrizaje.

EJEMPLOS:

- **Título:** alopecia. Está perdiendo el cabello y ¿no sabe qué hacer al respecto? Haga referencia al "dolor" de su prospecto. En el caso de que se trate de un procedimiento quirúrgico, puede mencionar los aspectos emocionales que llevan al prospecto a convertirse en cliente. "¿Busca un aspecto que muestre su mejor versión?"

- **Beneficios:** explique qué beneficios obtendrá de su producto o servicio.

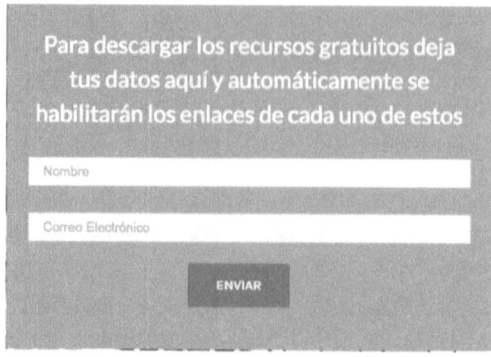

- **Formulario de contacto:** lo más simple posible. Pero siempre recomendamos incluir el teléfono y no poner campos obligatorios en el formulario excepto el mail.

- **Página de agradecimiento:** un agradecimiento al cliente por haberse suscrito a su lista.

- **Secuencia de emails en el email marketing**: es importante que antes de reclutar a estos interesados, tenga lista su secuencia de email, en otras palabras sería, la información que quiere comunicar. Como dije con anterioridad, el objetivo es crear valor. Hablarles de su dolor y proveerles una solución. Puede intercalar algún mail con un claro llamado a la acción (CTA). Pero la mayoría de la información debe ir orientada a posicionarse como un experto en su materia. En este punto, buenos textos y redacción son fundamentales (en mercadeo se le conoce por COPY). Tanto así, que le recomiendo no iniciar esta parte si no tiene un equipo o proveedor especializado en esto. De lo contrario, perderá credibilidad. Además, lo sabemos, usted no tiene el tiempo necesario para dedicarse a escribir.

Si está animado a ponerse en la tarea, recuerde:

- La importancia de los textos.

- Segmentar adecuadamente su Facebook Ads.

- Y realizar landing pages muy sencillas con objetivos claros.

Aquí les describiremos otras herramientas que lo podrán ayudar en su marketing:

1. **Google mail:** mi recomendación es ver algún tutorial en YouTube que lo tenga informado de las novedades que trae el mail de Google. Más allá de ser un sistema para responder correos electrónicos de sus clientes, tiene funcionalidades muy prácticas para acelerar ventas. Por ejemplo, "Canned response". ¿Sabía que hay forma de crear plantillas de respuesta según la inquietud del cliente, sin tener que estar escribiendo cada respuesta o "copiando y pegando" una respuesta anterior? Seguro entenderá que si Google permite incluir plantillas para sus respuestas de ventas, el tiempo que le ahorrará a usted como doctor y a su personal es excelente, ya que ahora podrá dedicarse a asuntos más comerciales y productivos.

2. **Google calendar:** es una herramienta muy práctica que sirve para organizar su agenda. Muchos de los médicos que conozco, se resisten a la idea de centralizar todas sus operaciones corporativas en la "nube". Volviendo a su personal, esclavos de estar en la oficina. ¿Y si resulta que el prospecto llama justamente para pedir una cita cuando su secretaria salió a almorzar? ¿Sabría planificar una reunión sin solapar su agenda con otros compromisos existentes?

3. **Almacenamiento de archivos:** los consultorios médicos, tienen varias características en común. Una de ellas, es que el personal administrativo y/o recepción, pasa la mayoría del tiempo buscando donde están las cosas. ¿Le suena familiar? Esto se debe a que no disponen de un orden para la organización de las carpetas consensuadas con el equipo. Hacemos énfasis en consensuado, porque si los documentos corporativos, no los puede encontrar el médico, o la señora de servicios generales, el sistema de archivo no funciona. La nube, otorga la opción, de que estén donde estén, estos archivos estarán a su alcance. Desde Google Drive, Dropbox u OneDrive, hay muchos proveedores de servicio. Aunque es una herramienta que conlleva disciplina, le puede ahorrar muchos dolores de cabeza. Sobre todo si tiene una alta rotación de personal. Por lo que no tendrá que sufrir porque

se "roben" documentos, ya que estos almacenadores de archivos corporativos, harán "backup" automáticamente.

4. **CRM**: utiliza una herramienta para el seguimiento comercial. Como comenté con anterioridad, Active Campaign, sirve de herramienta de email marketing a la vez que de CRM. No es el más potente como CRM, pero para consultorios médicos son suficientes en mi opinión. En alguna ocasión, algún cirujano plástico quiso invertir en su propio CRM. Nuestra recomendación es comprar uno hecho y adaptarlo lo más posible. Hacer un CRM propio va a llevarle mucho dinero, tiempo y energía. Y cuando se le ocurra algo nuevo, le van a volver a cobrar. Así que no se meta en esa vaca loca y haga simple la tarea.

5. **Herramientas para gestionar sus redes sociales**: para sorpresa de muchos de los usuarios, los algoritmos de Facebook, Instagram y otras redes sociales muy recomendadas en los negocios estéticos, penaliza la utilización de subida de archivos fuera de la propia plataforma. Es decir, Facebook, tiene la opción de programar sus propias publicaciones desde Facebook. Puede usar "Business Administrator" o la app "pages". Esta última, se recomienda para manejar el perfil de Facebook del consultorio y además, el perfil personal del "doctor Smith". Utilizar herramientas tales como "Hootsuite" sería penalizado por Facebook. Con Instagram, no hay forma de programar (espero que algún día lo solucionen), este se debe publicar desde el propio teléfono, ya que no cuenta con una aplicación para escritorio.

6. **Para ediciones sencillas de videos e incluso imágenes muy útiles para redes sociales. Le recomendamos VivaVideo y Canva.** Son muy intuitivas y no va a necesitar gastar grandes cantidades de dinero en editores de videos y/o diseñadores gráficos. Al menos, no para publicar en redes sociales. Pero si es para material comercial en su consultorio, se recomienda que invierta para que genere un contenido anual de calidad.

7. **Webinars**: la ventaja de hacer webinars en lugar de eventos presenciales se debe a que significa un ahorro importante en

tiempo y recursos, además de minimizar las probabilidades de que algo salga mal.

8. **SEM/SEO:** que su información esté bien localizada hoy día se ha convertido en una prioridad. Contar con un buen posicionamiento en motores de búsqueda es viral si desea estar en el top de su comunidad en cuanto a mercadeo se refiere, no hay otra opción, tiene que invertir en posicionamiento web.

9. **Tercerización:** mi amigo Benito Novas, lo describe como "Los procesos organizacionales hay que automatizarlos primero, luego tercerizarlos y por último, contratar a alguien para que lo haga". La tercerización implica la posibilidad de pagar a alguien por proyecto y subcontratar aquellos servicios que no necesariamente son su "core business", es decir, su eje de negocio. Por ejemplo: el servicio de mercadeo, contador o la parte administrativa, etc. Si es médico estético, no creo que le interese subcontratar un peeling facial, porque lo puede hacer usted y además, generar ingresos. Sin embargo, todo lo demás, como hemos hablado en este libro, puede tercerizarlo. Ahora bien, no significa que sea fácil. De hecho, esa fue la razón por la cual Estética Marketing, quiere facilitarte la vida, explicándole el inmenso mundo digital alrededor de una práctica médica. Este libro no pretende enseñarle cómo hacer marketing digital, porque su core business no es el mercadeo. Es la medicina estética y/o plástica.

Hay servicios muy conocidos para la subcontratación de proyectos o cosas muy concretas tales como www.fiverr.com o www.upwork. com. Son servicios que utilizamos para trabajos muy concretos, tales como, traducciones sencillas, diseños gráficos básicos, mejoramiento del copy de documentos muy básicos. Lleva un tiempo conseguir o "dar" con proveedores buenos.

Fiverr.com es un gran recurso. Una increíble fuente de talento a costo básico sus proveedores se especializan en Marketing Digital, Producción de Video, Diseñadores Gráficos, Contabilidad y Finanzas etc. Allí tendrás ofertas de todo desde crear sus landing pages vistas hasta encontrar una asistente administrativa.

Nuestra recomendación es buscar, siempre que sea posible, proveedores locales que entiendan o quieran entender el negocio estético. Lo más difícil es encontrar proveedores que no solo hagan lo que usted le pide, sino que además, participen en el desarrollo creativo del mismo.

Ahora bien, ¿Qué debe tener en cuenta cuando terceriza un servicio digital?

1) **Más le vale que haya leído el libro al menos dos veces**. Es importante que entienda los principios en los que se basa el marketing digital. Como por ejemplo, cómo interactúa el marketing digital con el marketing offline. Entendiendo terminología básica, por ir identificando los principios que le será fácil identificar si los proveedores que está entrevistando son los que necesita o no. Ya que si estos no mencionan o no reconocen los principios de este libro, va a tirar el dinero ¡No los contrate!

2) **Disponer del recurso, en tiempo y en dinero, para tener una relación a largo plazo con la herramienta**. Marketing digital no trae resultados inmediatos. No lo hace para el sector médico tampoco lo hace con ningún otro. Tener el tiempo me refiero, a que usted es el experto de su negocio, y los proveedores de esta asesoría, ejecutarán en función de sus directrices. Si no tiene una fase de preparación, como hablamos con anterioridad, difícilmente podrá pedirle a sus asesores digitales resultados.

3) **Conocer los ratios que hay que medir en marketing digital**. Esto quiere decir que debe preguntar a sus proveedores qué es exactamente lo que deben reportar.

En general, para todas las redes debemos identificar, si a nuestra comunidad, está llegando o no "nuestro cliente ideal". Así mismo, debemos conocer "el prime time" para una publicación. Es decir, cuándo es el mejor momento según nuestra audiencia para publicar según la red social que estemos utilizando. Esto puede variar según la complejidad del algoritmo porque el tiempo de publicación no es el único factor a considerar. Debemos tener en cuenta también qué países nos están visitando. Es importante revisar estos datos de forma periódica ya que aspectos que le revelen su audiencia, pudieran cambiar aspectos organizacionales. Tales como incluir en su recepción algún personal que hable inglés.

Dicho esto, es importante resaltar que ratios, hay muchos, pero tal como expliqué con anterioridad, no se trata de llenar los informes de datos. Se trata de que los datos, sirvan para la toma de decisión.

Al menos debe solicitarles a los proveedores digitales, director de mercadeo, o a cualquier profesional que le esté llevando esta área, informes periódicos sobre estos aspectos:

No creemos que sea necesario explicar cada uno de ellos. Ya que su proveedor debería explicárselo al respecto. Tenga en cuenta, que es importante entender cómo estos datos le dan la información sobre su audiencia, y de la opinión de estos, información sobre sus contenidos.

Preste atención al análisis por video publicado en YouTube o en Facebook. ¿Por qué es importante identificar cuáles son los videos más vistos? Porque su audiencia le está diciendo, que tipo de contenido le interesa. Identifique el comportamiento de los contenidos que más le gusten, y siga esa línea de comunicación con sus usuarios.

Los ratios de marketing digital, como le comento, no están para llenar informes y no llevarlo a nada, por el contrario. Cada tres meses como mínimo, debe pedir a sus colaboradores dicho informe, de manera que les faciliten solicitudes de información relevante a sus usuarios.

Administración de relaciones con el cliente (ARC) o en ingles conocido por CRM Custimer Relations Management

Tener una herramienta de administración de relaciones con el cliente (ARC) es la base de todo marketing exitoso. Esta herramienta funciona como el centro de todo el contacto con sus prospectos y pacientes. Además le permite configurar desencadenantes y automatizaciones para ayudarlo en el proceso. Por ejemplo, cuando un prospecto camina a través de su puerta, correos electrónicos automatizados (o correo físico) pueden ser enviados automáticamente. Estos mensajes serían rastreados para tasas abiertas, y luego algunos desencadenantes adicionales podrían activarse, dependiendo si el prospecto decide (o no) interactuar con estos mensajes. Si se configura de la manera correcta, su herramienta ARC será fundamental para su clínica y le ayuda a mantener su marketing en línea, generando los resultados que desee. Esta herramienta debe ser actualizada constantemente para optimizar su desempeño. Debería evolucionar a medida que su clínica evolucione. Existen ARC que vienen integrados a sistemas de manejo de récords electrónicos de pacientes como www.patientnow. com

Las herramientas que recomiendo son:

1) **Salesforce.com:** esta ampliamente considerada como la mejor herramienta ARC del planeta, definitivamente vale la pena echarle un vistazo a Salesforce.com. Aunque es una exageración para la mayoría de las clínicas pequeñas, ya que ésta le permitirá crecer en una plataforma excelente.

2) **Infusionsoft.com:** ésta es la herramienta que nosotros utilizamos de manera regular debido a sus características de automatización y sus poderosas capacidades de marketing por email. Infusionsoft es una herramienta de marketing por email, módulos de afiliados y una herramienta de comercio electrónico que incluye todo en uno.

3) **Insightly.com:** si desea algo fácil de usar, ésta es su herramienta. Puede tener esta herramienta activada en línea y funcionando en cuestión de minutos.

Somos unos grandes aficionados de salesforce.com y considero que la mayoría de las clínicas deberían empezar con esta. Aquí hay una lista de quehaceres para lograr que la implementación de esto sea más sencilla.

Ejercicio: cómo usar Salesforce.com

1) **Registrarse**. Ingrese en www.Salesforce.com y regístrese para la versión que se adapte mejor a su clínica actual. Ofrecen una variedad de opciones para todo tipo de presupuestos y clínicas.

2) **Cree una lista**. Haga una lista de todas las diferentes actividades que quiera usar y monitorear en Salesforce.

com, por ejemplo, sus leads, sus contratos, sus empleados, sus emails y sus productos en desarrollo. Esto se convertirá en su lista de deseos. Mantenga prioridad en sus cosas, y resalte los artículos que sean críticos. Coloque los elementos resaltados en la cima de su lista, de manera que, en el siguiente paso, trabaje de arriba hacia abajo, es decir, de las de mayores prioridades a las menores.

3) **Modificar.** Usandola lista mencionada, usted ya podrá visualizar todas las modificaciones que deberá realizar para que la solución se adapte a su empresa. Tenga en cuenta que puede empezar usando Salesforce.com directamente del paquete. Si tiene una empresa pequeña, le recomiendo usar Salesforce.com por defecto, antes de que realice una cantidad significativa de mejoras.

4) **Especializar**. Si requiere de muchas modificaciones adicionales, contrate a un especialista certificado de Salesforce.com. Muchas personas conocen muy bien Salesforce.com. Desea a alguien que no solo sea un buen programador, sino que además entienda los procesos y el flujo de las clínicas de manera que pueda asegurar que la solución se acople con sus necesidades actuales y se anticipe a cambios adicionales que deba hacer a medida que crezca.

5) **Entrenar.** Entrene a sus usuarios sobre cómo utilizar el sistema.

6) **Adoptar.** Para que cualquier solución ARC sea efectiva, se necesita tener un 100 % de adquisición de la misma.

7) **Añadir aplicaciones.** A medida que su clínica continúe expandiéndose, considere agregar diferentes aplicaciones a su solución. Visite Salesforce.com para ver todas las aplicaciones que tienen disponibles. Instale, cada vez, una o dos aplicaciones, entrene a sus usuarios sobre cómo usar las nuevas aplicaciones; y asegúrese de que sean compatibles con su clínica.

Cada lead, referido y prospecto es ingresado y monitoreado aquí. Luego de determinar que un lead tenga potencial de recaudación, lo convertimos en una oportunidad. Hacemos predicciones con base en estas oportunidades: fecha esperada de cierre, porcentaje esperado de cierre y el valor en dólares o en la moneda de su preferencia.

Todos los pacientes y la información son almacenados en Salesforce.com. Todo correo y tarjeta de presentación enviada, todas las llamadas telefónicas realizadas, y otras actividades son ingresados aquí. Todo lo que se relacione con los pacientes es monitoreado.

Todos los empleados son monitoreados en Salesforce.com, incluyendo contratos, fotografías, información personal, salarios, descripciones de cargo, y similares.

Nuestros eventos en vivo son administrados con el plug-in de eventos diseñado por Salesforce.com.

Herramientas de ARC en el marketing de redes sociales

Todo el mundo está haciendo uso de algún tipo de marketing de redes sociales y con el gran número de plataformas allá afuera, mantenerle la pista a todo, automatizar cosas y generar ingresos de las redes sociales puede llegar a ser una tarea desalentadora. Existen cientos y cientos de herramientas para redes sociales allá afuera, pero solo unos pocos los considero indispensables. Estas herramientas son las siguientes:

- **Hootsuite.com:** ésta es extremadamente fácil de usar y le permite manejar múltiples perfiles en tiempo real, programar publicaciones por adelantado, y mantenerlo muy atento de su marca.

- **Sproutsocial.com:** aunque me gusta Hootsuite.com para la administración de las redes sociales, esta herramienta es increíble cuando se suele tener que cuidar de diferentes sitios web. Considero Sproutsocial.com como una mejor opción si está buscando una "Herramienta ARC social". En otras palabras, si quiere ser capaz de manipular de una mejor manera sus reportes y agregar mayores detalles a nivel de contactos, ésta es su herramienta.

- **Buffer.com:** comúnmente cuando anda en la calle, se le ocurren ideas aleatorias de contenido para publicar. Buffer le permite agregarlas y hacer que se publiquen de manera aleatoria en sus diferentes redes sociales.

Herramienta de alojamiento de videos

Espero que se haya dado cuenta de que necesita integrar el video dentro de su marketing. Ya no bastará solamente el texto simple o imágenes solas para incrementar sus conversiones. En lugar de subir sus videos solamente a youtube.com, yo le recomiendo utilizar un servicio para alojarlos (de esta manera, estará eliminando cualquier anuncio que pudiera aparecer en su video) y usar uno que le permita cargar su video a la velocidad del rayo.

Algunas herramientas son:

- **Wistia.com:** está ha cambiado la manera en la que hacemos marketing de video. Puede cargar videos en su plataforma, obtener un código para incorporar su video directamente en su sitio web y obtener análisis avanzados con respecto a la forma en la que las personas interactúan con sus videos.

- **Amazon S3:** éste es un servidor en la nube que le permite aprovechar el poder de los amplios servidores de Amazon. Usted necesitará algo de conocimiento técnico para armar este sistema de manera correcta, pero una vez que lo haya armado, podrá mostrar cualquier cantidad de videos que necesite.

Herramientas de monitores web

No puede medir lo que no puede monitorear. Es crucial mantenerse muy atento sobre la cantidad de tráfico que esté recibiendo su sitio web, de dónde proviene este tráfico y cómo (si lo hacen) están interactuando con su sitio. Aun cuando existen cientos de herramientas de monitoreo, solo necesita unas pocas para obtener una visión de 360 grados sobre todo lo que esté sucediendo.

- **Site overlay:** esta herramienta le mostrará los diferentes lugares en los que la gente está haciendo clic o tomando acción en su sitio. Esta información habrá ocasionado que hayamos tenido que realizar múltiples rediseños a varios sitios. Podrá darse cuenta rápidamente si sus usuarios estarán haciendo click en su Opt-in, por ejemplo, o en otra parte de su sitio. Si no están tomando las acciones que espera que tomen, observe dónde estarán haciendo clic y modifique su sitio para adaptarlo a sus exigencias.

- **Map overlay:** esto le mostrará los diferentes países que estén visitando su sitio.

- **Content:** es muy poderoso y sirve para ver qué páginas atraen visitantes y generalmente por dónde saldrán. Con esta información, puede decidir si necesita mejorar su contenido para mantener a los visitantes durante más tiempo o incitarlos a regresar.

- **Google analytics (Google.com/analytics):** nosotros hemos sido un usuario de Google Analytics desde su origen. Esta herramienta le proporciona información muy robusta sobre quién ha visitado su sitio web, de donde vienen, las páginas que han visitado, cuanto tiempo estuvieron, entre otros. Hay muchas maneras de configurarla para que encaje mejor con su clínica en particular. Ya que como es una herramienta muy poderosa, me gustaría darle una guía de paso por paso acerca de cómo usarla:

  1) Instalar: instale el código de monitoreo en su sitio web. Asegúrese que el código sea instalado en cada página de su sitio.

  2) Mejore la forma en la que entiende quiénes son sus visitantes y que es lo que ellos desean.

  3) Hacer cambios: haga cambios a su sitio web y a su marketing en relación con la información obtenida. De esta manera podrá visualizar cuál estrategia de mercado está funcionando y cuál no.

- **IP banning:** para tener un mejor estimado de su tráfico, puede decirle a Google Analytics cuáles computadoras no deseas que se incluyan en sus estadísticas (generalmente las suyas y las de su equipo).

- **Goals:** coloca sus metas de convencimiento y monitorea su progreso sobre el número de personas que compren.

- **Event tracking:** monitorea todo el tráfico diferente debido a una promoción de factor tiempo en particular.

- **Custom reporting:** diseña un reporte específico que tenga sentido para su clínica, por ejemplo, el número de visitantes individuales semana a semana.

- **Browser capability:** éste le indicará qué navegadores, sistemas operativos y tamaños de pantalla están siendo utilizados para mirar su sitio web. Si sabe que su sitio web no se la lleva bien con Mac, y un 20 % de sus visitantes son usuarios de Mac, ¡Entonces es momento de realizar algunos ajustes!

A continuación hay dos herramientas más que podrá usar para monitorear su sitio web:

- **Luckyorange.com:** ésta es una de esas "gemas ocultas" de las cuales no hablamos normalmente porque no queremos que nuestra competencia las use. Esta herramienta le permite grabar sesiones de visitas enteras (en video), crear mapas de calor y mucho más. Lo que nos encanta de la función de grabación de visitantes es la habilidad de ver en video exactamente lo que mis prospectos hicieron. Rastrea el movimiento del mouse, cuándo estuvieron inertes, de donde vinieron y mucho más. La función del mapa de calor le permitirá ver rápidamente donde están las cosas que recibieron un mayor número de clicks. Todo esto contribuye a asegurarse de que su sitio web está diseñado correctamente.

- **Optimizely.com:** los test A/B son fundamentales siempre que tenga un sitio web, ya que estos pueden ser mejorados para que tengan un mejor desempeño, y la única manera de estar seguro que usted esté haciendo los cambios correctamente es usando una herramienta como esta. La mencionada herramienta le mostrará rápidamente cuál página se desempeña mejor en comparación con las demás.

Herramientas para monitoreo de reputación web

Su reputación lo es todo, tanto a nivel personal como médico y administrador de una clínica. Con lo fácil que es revisar sitios web en general, también lo será el monitorear lo que se esté diciendo de usted y de su clínica en línea, en tiempo real. No importa si lo que se esté diciendo sea positivo o negativo, usted debería estar respondiendo y reaccionando a todo lo antes posible.

Algunas herramientas son:

- **Netvibes.com:** somos unos grandes fans de construir una estación de escucha hecha y derecha, por lo tanto lo consideraríamos para hacerlo como nuestra arma secreta. Usamos esta herramienta no solo para administrar nuestra reputación, sino también para mantenernos muy cerca de nuestra competencia. Esta herramienta está entre nuestros 3 utensilios favoritos de marketing web.

- **Brandseye.com:** éste promete introspección precisa sobre todas las conversaciones sociales que ocurran en la web. Hemos usado ésta en combinación con Netvibes.com para obtener grandes resultados.

Herramientas para la creación de *Landing Pages*

Una de las dificultades en el mundo del marketing es trabajar con un servicio técnico para poder hacer las cosas. Somos unos grandes fans de las herramientas fáciles de usar y que nos permitan tener las cosas listas rápidamente, ponerlas en movimiento y empezar a generar resultados. Las páginas de inicio son una excelente manera de probar varias campañas, siempre y cuando, se mantengan las cosas enfocadas en una agenda general para cada página de inicio.

- **Leadpages.net:** ésta es otra de esas armas secretas. Esta herramienta es ampliamente utilizada por la gente en el espacio del marketing de internet (siempre es una buena señal). Puedes crear páginas de inicio en cuestión de minutos con esta herramienta e integrarlas a través de múltiples y variadas plataformas.

- **Unbounce.com:** esta herramienta es llamada "el creador de páginas de aterrizaje para asesores de marketing". Tiene todas las características, es muy versátil. Personalmente me gusta utilizarla para Split testing.

Herramientas para Email Marketing

Aun cuando muchos expertos de marketing aseveran que el marketing de email está muriendo, otros dicen que este está más vivo que nunca y que les está generando grandes ganancias usándolo de manera correcta. Hay solo unas pocas compañías a las cuales les confío nuestro marketing de email y ténganlo por seguro que hemos usado casi todas las opciones que hay.

- **Aweber.com:** somos uno de los principales fans de *Aweber. com.* Esta solución es fácil de poner en funcionamiento y de administrar a medida que gane más subscriptores de email.

- **Mailchimp.com:** ésta es otra herramienta confiable para el espacio de marketing de Email. Al igual que Active Campaign es una herramienta para el manejo de comunicaciones con sus prospectos, clientes y/o referidos, especialmente para formato email. Tiene un poco más de flexibilidad desde el punto de vista del diseño comparada con Aweber.com.

- **Infusionsoft.com**: A algunas personas les gusta utilizar Infusionsoft.com solo por su marketing de Email y automatización. Es robusta, pero no es tan fácil de utilizar si usted posee una experiencia limitada técnica.

Herramientas misceláneas

A continuación hay un puñado de herramientas a las que recomiendo que les eche un vistazo para ayudarlo a complementar su caja de herramientas de marketing digital:

- **Godaddy.com:** hay muchos sitios en los que puede comprar dominios, pero nosotros solamente confiamos en *Godaddy. com.* Si tiene muchos dominios, revise el club de descuentos de dominios en los cuales podrá encontrar unos precios inmejorables.

- **Rackspace.com:** en donde sea que tenga hospedado su sitio web, tiene que asegurarse de que sea 100 % seguro y 110 % veloz. *Rackspace.com* es una de las mejores compañías de hospedaje del planeta.

- **Prweb.com:** acudimos a *prweb.com* cuando necesitamos distribuir anuncios de prensa a través de la web. Hemos estado usando este servicio por años y siempre hemos conseguido buenos resultados al enviar nuestros anuncios.

¡Ahí lo tiene! La lista de herramientas que usamos a diario para administrar, monitorear y hacer crecer nuestros diversos negocios. No pierda más su tiempo en evaluar cientos de herramientas diferentes para encontrar cuales son las mejores, use esta lista para ayudarse a tomar un atajo en el proceso.

Carrito de compras

Si lo que quiere es vender algo en línea, como complemento de sus servicios de estética, necesitará agregar un carrito de compras a su sitio web. Esto le permitirá a sus prospectos realizar pedidos directamente en su sitio web y ganar muchos puntos en el proceso.

Las herramientas para hacer esto son las siguientes:

- **Infusionsoft.com:** ya he mencionado esta herramienta varias veces debido a que tiene múltiples usos diferentes. Tener una solución "todo en uno" puede ayudarlo a mantener las cosas bien organizadas y en la mayoría de las veces, a ahorrar dinero. Revise este robusto carrito de compras.

- **1shoppingcart.com:** esta es otra herramienta "todo en uno", con capacidad para email, marketing de afiliados y precisamente el carrito de compras.

- **Woocommerce.com:** si utilizas wordpress, puede disfrutar de los beneficios del plug-in de Woocommerce para wordpress. Hay unas cuantas configuraciones que puede hacer para lograr que el carrito de compras encaje perfectamente con la marca de su sitio web. Ésta, además, posee opciones adicionales que lo podrán ayudar aún más.

CAPÍTULO 9

¿Cómo poder atrapar la atención de sus pacientes antes de que lo haga su competencia?

¿Puede imaginar un momento en el que no quisiera aprender a utilizar correctamente cualquier potencial producto o servicio que esté considerando comprar, o un momento en el que no quisiera educarse más sobre las cosas en general? No conocemos a muchas personas que apoyen esto (tal vez ninguna). Nunca hemos escuchado a una persona decir algo como, "Mi cerebro está lleno. No tengo necesidad de aprender más".

La forma en la que aprendemos es a través de experiencias, leer, mirar o escuchar a otras personas. Digamos, por ejemplo, que está considerando una liposucción de alta definición. Dependiendo de su estilo al comprar, muy probablemente irá a su red de amigos (redes sociales) y dirá, "¿Alguien conoce a algún buen cirujano plástico?" Una vez conseguida la información, de seguro llamará a algunos de los nombres que le dieron, obtendrá algunos presupuestos y tomará una decisión. El proceso de presupuesto está entre los mejores lugares para que un médico se separe de su competencia. El hecho es que, la mayoría de los prospectos no toman decisiones de compra basándose solo en el precio. Ellos toman toda la experiencia en consideración y observan cosas como la fiabilidad, la confianza en la clínica, los sentimientos en la interacción con el vendedor, los beneficios percibidos y cualquier oferta adicional o especial.

Las formas en las que se diferencian desde la primera interacción hasta la venta (y después), es educando a sus prospectos. El objetivo es proveerles de una grandiosa educación en varios medios: folletos, gráficos, cuadros, blogs, USB Drives, entre otros.

El contenido que ofrezca tiene que ser notable. No publique contenido basura creyendo que eso ayudará a mejorar sus ventas, de hecho, probablemente eso hará lo contrario. Yo le informo que no publicar nada es mejor que usar contenido mediocre. Con el número de personas que publican hoy día en la red, tiene que asegurarse de que el contenido que distribuya sea sólido, útil y educativo.

El objetivo de este capítulo es mostrarle cómo puede alcanzar a sus pacientes antes que consulten primero con su competencia. A nuestros clientes queremos darles el contenido que buscan, teniendo en cuenta el momento y lugar adecuado para hacerlo. Los medios en los que nos enfocamos en este capítulo son blogs, infografías, podcasts y video marketing.

1. Blogging

Nuestra forma favorita de obtener tráfico focalizado de calidad consistente es a través del *blogging*. Esta es la estrategia a la que le pusimos una buena porción de dólares de marketing digital y energía personal. Hubo un tiempo en que la popularidad de los blogs bajó solo un poco, pero en poco tiempo rebotaron en popularidad y parecen haber alcanzado la cima.

Blogging: ¿Qué es un blog? Un blog es simplemente un sitio web donde se compilan ideas, pensamientos, fotos u otra información basada en contenido que al autor del blog le interesa compartir. Las personas comenzaron a bloguear en 1999 y, debido a la facilidad de uso, el relativo bajo costo y la habilidad de alcanzar una amplia audiencia, han incrementado su popularidad desde entonces. Los blogs se componen de contenidos en formatos de textos, videos, fotos, infografías y más. Hoy día, más del 50 % de los sitios web en Internet aún no tienen algún tipo de blog. Si usted no tiene un blog, está perdiendo tráfico. Los blogs son una gran forma de desarrollar un seguimiento, comenzar una tendencia o movimiento cultural, establecerse a sí mismo como médicos y su clínica como experta en su área.

Los principales sistemas de blog son Wordpress, Blogger, Typepad, Tumblr y Squarespace.

Wordpress tiene la mayor parte del control sobre el mercado debido a la gran cantidad de aditivos disponibles. Se dice que alrededor de 2-6 sitios web en Internet están realizados por Wordpress.

Su sitio web completo como un blog: la principal pregunta que me hacen es, "¿Dónde debería hospedar mi blog? ¿Debería ser una URL diferente o igual a la de mi sitio web?" Actualmente es probable que, ahí afuera, encuentre mucha información sin nada en concreto, pero nosotros le garantizamos que las estrategias de este libro funcionan. Lo mejor de esto es hacer de su sitio web entero, un blog y que la URL sea algo como tudominio.com/blog. La única plataforma que hemos recomendado durante los últimos años para diseñar un sitio web es Wordpress. Desarrollar su sitio web en Wordpress le permite integrar entradas de blog a lo largo de la página principal y en las diferentes páginas internas. En vez de leer un contenido aburrido "acerca de nosotros", los consumidores pueden leer sus entradas educativas de blog.

Si tiene un sitio pleno de e-commerce, recomendamos usar una plataforma diferente para su sitio e instalar un blog de wordpress en el mencionado sitio.

En este libro, aprenderá más sobre el diseño de sitios web, pero cambiando un poco el tema quisiera mencionar y recordarle que no sea como aquellas personas que no terminan lo que empiezan. Esto lo puede lograr de una manera fácil y radical: no piense más de lo debido, ¡Actúe! La acción impulsa los resultados.

Los dos tipos clave de Blogs: los dos tipos primarios de blogs son los personales y los corporativos de clínicas. Hay otras variantes, pero estos son los dos principales que verá más a menudo:

- Personal: estos blogs son los más populares en naturaleza porque pueden ser de cualquier tópico, incluyendo familia, *hobbies*, deportes, escuela, otros intereses o incluso solo opiniones enfáticas. Parece que las personas que publican blogs en la web despotricando y desvariando sobre un producto, un servicio, una nueva película, o alguien en su círculo social obtienen una mayor atención. No tema en ofender a sus lectores, ya que lo que importa es que crean en la opinión que promueve. Hay que ser realistas: la controversia vende.

- Corporativos de clínicas: ¿Interesado en promover sus productos y servicios mientras construye una relación con sus pacientes y prospectos? Los blogs corporativos son una gran herramienta para esta tarea.

¿Por qué debería estar blogueando? Los blogs aumentan su visibilidad y por tanto mejoran sus esfuerzos de marketing. Los motores de búsqueda AMAN a los blogs por su naturaleza basada en contenidos.

Los blogs son además uno de los mejores lugares para comenzar a construir (o expandir) relaciones. Esto debería considerarse como una expansión en su proceso de ventas. Muchos médicos no tienen suficientes recursos para llamar a los pacientes y prospectos cada día, pero pueden "contactarlos" fácilmente a través de este medio. Ofrézcales buen contenido y ellos seguirán volviendo por más. Recuerde que el contenido es el rey en la web y este prevalecerá y continuará por muchos años. Mientras más contenido original provea, mejor. Ofrézcales un buen contenido, con información útil y habrá conseguido puntos a su favor.

Cómo utilizar completamente el poder de su blog: muchas compañías o individuos inician blogs y los actualizan solo dos o tres veces al mes, si acaso. Nuestro consejo fundamental, acerca del *blogging*, es que deberá actualizarlo de tres a cinco veces cada semana. Las actualizaciones pueden ser acerca de artículos largos con una información atractiva, artículos más cortos, un video, un audio, una foto y hasta simplemente un pensamiento aleatorio con un enlace.

Recomendamos que todo el mundo utilice un blog como herramienta de marketing. El razonamiento es simple: Google y los otros motores de búsqueda adoran el contenido de los blogs, por tanto, si queremos aparecer en la cima de estos motores de búsqueda, es necesario utilizar adecuadamente las palabras clave y etiquetas para aumentar las probabilidades de ser localizado por los lectores interesados. Cuando la mayoría de los médicos escuchan que deberían actualizar su blog varias veces por semana, entran en pánico. Eso no significa que usted deba entrar y publicar cada día. Entre en el hábito de dosificar sus publicaciones unas pocas veces cada semana y prográmelas para publicarlas por adelantado, se podría decir que esta es una maravillosa función del *blogging*. Por otro lado, tenga en cuenta que estas publicaciones no siempre tendrán que ser artículos largos. Es mejor proveer un contenido o unas herramientas útiles a sus lectores que algo inútil, pero algunas veces los pensamientos aleatorios son, también, bien recibidos. La frecuencia de las publicaciones es mucho más crítica que la longitud del contenido.

Haga que a las personas les emocione ir a su blog con regularidad. Esto lo puede hacer, dándoles buenas impresiones con contenido asombroso y ofertas especiales solo para ellos. Actualmente los consumidores tienen cada vez menos tiempo, por eso recomendamos que mantenga sus publicaciones cortas y objetivas. Normalmente, los lectores no leerán 3000-5000 palabras en una entrada a menos que sea altamente interesante. La longitud del blog que tendemos a recomendar es de 300-500 palabras para contenido escrito y de 3 minutos de duración para videos. Contenidos como "las cinco cosas que necesitas saber sobre crear un hogar más verde", "las tres claves para una recuperación exitosa" o "las mejores cinco acciones para comprar ahora". Mantenga su información estrecha y mantendrá lectores fieles.

Los aditivos (*plug-ins* o add-ons) le permitirán personalizar su blog. Algunos de los aditivos ayudan a proveer soporte técnico o detalles para quitar spams y proporcionar estadísticas. Otros ayudan a sus lectores a mantenerse en contacto con usted o a seguirlo más fácilmente. Los blogs exitosos no pueden funcionar sin usar aditivos, ya que el uso de estos genera muchos beneficios.

Los nombres y versiones de los aditivos pueden cambiar rápidamente, así que proveeremos información más general. La manera para decidirse por el mejor aditivo es simplemente buscar el tema en el directorio de aditivos de Wordpress y ordenar por calificaciones. Si el aditivo tiene mala puntuación, no lo instale. Aquí hay algunos de los tipos de aditivos que deberá instalar en su blog:

- **SEO (Search Engine Optimization):** en español significa "Opti-mización para motores de búsqueda", este es un sorprendente *plug-in* que hará que sus entradas de blog sean mucho más amigables con los motores de búsqueda.

- **Bloqueo de Spam:** una herramienta que le ayudará a eliminar las entradas spam.

- **Quemador de feeds/RSS feeds:** un feed RSS es un archivo generado por algunos sitios web (y por muchos weblogs) que contiene una versión específica de la información publicada en esa web. Un feed RSS en vivo le servirá a cualquiera que prefiera usarlos para obtener sus actualizaciones.

- **Compartir social:** este *plug-in* es fundamental ya que permite a los espectadores compartir fácilmente su contenido.

- **Etiquetamiento social:** la habilidad de los lectores para etiquetar las diferentes entradas de blog.

- **Google sitemaps:** una herramienta para ayudar a Google a indizar el blog más fácilmente.

- **Featured Images:** una herramienta que le permitirá poner una imagen agradable y destacada.

- **Podcasting:** una herramienta que permitirá a las personas escuchar audios como podcasts.

2. Infografías

Ya que nos hemos vuelto una sociedad más visual, las infografías han ganado mucha popularidad. Actualmente, algunos de los contenidos más vistos y compartidos en Internet son las infografías y esto se lo debemos en gran parte a esas redes sociales.

Infografías: ¿Qué son? Una infografía es simplemente una imagen visual como un cuadro o un diagrama que se usa para representar información o datos. Una de las infografías más comunes (que probablemente no sabías que era una infografía) es el reporte del clima que ves en los periódicos. También pueden ser usadas para presentar informaciones complejas de un modo mucho más organizado. El viejo dicho de que una imagen vale más que mil palabras es cierto para las infografías.

Hay todo tipo de estadísticas online sobre por qué las infografías funcionan. Una de las más convincentes estadísticas es que el 65 % de nosotros somos observadores visuales. Para aquellos que estamos en esta categoría, es mucho más probable que tomemos acción y procesemos la información cuando esta se presente en forma de infografía en lugar de solo palabras en un texto.

Marketing con infografías: el primer y más importante paso con las infografías es producir contenido que sirva para ser compartido y que la gente quiera. Similar al contenido de un blog, este debe ser útil, que incite al pensamiento, deberá tener relación con su clínica y debería ser divertido. Si comienza con un contenido que no se preste, usted podría terminar resbalándose un poco.

Haga una lluvia de ideas en las infografías potenciales basándose en los contenidos que ya tenga al alcance o que pueda crear de forma fácil. Le recomendamos que ubique algunas estadísticas utilizables para complementar la infografía. Por favor, no nos malinterprete, no necesita usar estadísticas en toda la infografía, pero sí un poco para que generen credibilidad y en consecuencia sean compartidos.

Una vez que tenga el contenido a utilizar, el próximo paso será el proceso de diseño. Este paso puede darse en muchas direcciones. La primera opción es abordar el proyecto internamente. Si tiene diseñadores gráficos personales, le recomendamos que solicite sus servicios, ya que son los que mejor conocen su marca empresarial.

Otra opción es aprovechar una de las muchas herramientas de creación de infografías en la web y así poder hacer el proceso un poco más fácil. Estas herramientas usan plantillas prefabricadas y permiten ser llenadas con su información.

Algunas que recomiendo son las siguientes:

- **Infogr.am.**
- **Infoactive.**
- **Piktochart.**
- **Easel.ly.**
- **Visual.ly.**

La ventaja de usar cualquiera de las herramientas mencionadas aquí es la velocidad. Puede crear una infografía visualmente atractiva en menos de 30 minutos, mientras que si empieza de cero, el proceso tomará horas, y posiblemente días.

La tercera opción es simplemente delegar la infografía a un diseñador subcontratado de uno de los grandes sitios web de freelance, como *Fiverr.com.* En esta página web, por tan solo 5 dólares, puede tener su propia infografía.

La prueba que nosotros usamos para determinar qué ruta vamos a tomar es simple. Si la infografía que estamos sacando tiene el potencial de ser vista por miles de personas, las hacemos internamente o contratamos a un profesional. Si la infografía va a ser aprovechada internamente o para un proyecto alternativo y pequeño, contratamos a alguien rápidamente en Fiverr.com. Se sorprendería por la calidad que aún puede conseguir por cinco dólares, pero tenga en cuenta que no será un proyecto "desde cero". Por ese precio, se usan *software* y plantillas para crearlas.

Durante el proceso de diseño, deberá prestar atención al flujo de la infografía. No presente sobrecarga de información. Asegúrese de que sus gráficos sean visualmente atractivos y contará la historia de un mundo perfecto con su infografía.

Entre los más importantes elementos al final (o al principio) de su infografía son los llamados a la acción. No olvide incluir algún tipo de llamado a la acción en su contenido junto con una nota estándar de derechos de autor; porque ésta es una de las mejores piezas educativas de contenido para promover información gratis. Por ejemplo, puede tener un video que complemente la infografía y los espectadores simplemente tendrán que proveerle una dirección de correo electrónico para obtenerla.

Finalmente, aproveche las otras estrategias presentadas en este libro para así obtener tanta atención como sea posible. Comparta sus infografías en su blog, redes sociales y varios sitios de noticias. Asegúrese también de que ésta sea compartida a terceros y así sucesivamente.

3. Podcasting

Cada cierto tiempo hay algunas tendencias y tácticas de marketing que tienden a tener un bajón (como el blogging), pero después estos se disparan con venganza. El podcasting es otra de esas tácticas que, con el crecimiento continuo de los dispositivos móviles, se ha vuelto muy popular por ser una gran forma de generar conciencia y oportunidades de reconocimiento para usted como médico y para su práctica como empresa.

¿Qué es **podcasting?** Es la práctica de crear archivos de audio y hacerlos disponibles al público. Normalmente hablando, los podcasts se hacen en serie (tratan sobre cierto tema y con una frecuencia regular), a menudo mutando en una especie de show radial de la web.

¿*Cómo* **comenzar?** Para la creación de cualquier contenido, el elemento más importante es determinar el tema de este contenido. La temática educativa funciona bien, así como también la que genera alegría y diversión. Si empieza a pensar en esto más como un show en vez de solo publicar un comentario de audio, su contenido se volverá más interesante. Una táctica que funciona bien es establecer un horario regular para la publicación. Por ejemplo, cada martes a las 10:00 AM, un nuevo *podcast* será publicado. Esto permitirá a sus oyentes tener algo qué esperar y los mantendrá "al acecho" de su próxima publicación.

Dependiendo de su estilo personal como médico y la naturaleza de su clínica, puede tomar alguno de los diferentes enfoques para el tono del *podcast.* A algunas personas les va mejor improvisando, es decir, ayudándose simplemente de unas pocas notas. Otros necesitan tener todo un guion, para no olvidar nada. Un balance entre ambos casos parece ser lo mejor. Recomendamos que tenga escrito cualquier lenguaje clave que se necesite (como la introducción o los llamados a la acción) y tenga temas de conversación para lo demás. Cuando escuche un podcast, lo último que quiere que pase es que suene aburrido y seco, o como si estuviera simplemente leyendo de una noticia.

Con respecto a la creación de su podcast, existe una variedad de aspectos que funcionan positivamente, como son:

- **Actualizaciones o nuevos contenidos semanales (o diarios).**

- **Invitados y entrevistas.**

- **Secciones de preguntas y respuestas.**

- **Reseñas o críticas.**

- **Fragmentos cortos de entrenamiento.**

Una pregunta común es, "¿Cuánto deberían durar?" La respuesta depende de una variedad de factores, pero en promedio unos 30 minutos.

Por otro lado, ciertas prácticas estéticas que, están comenzando a aparecer, sirven mucho para llamar la atención de los prospectos en los podcast más cortos. Todo depende de su portafolio de productos y servicios y la fidelidad de sus oyentes. Además tampoco tiene que seguir el mismo formato de manera exacta semanalmente. La idea es prestar mucha atención y obtener retroalimentación. Deje que sus oyentes dicten el contenido que encuentren más placentero.

Si va a hacer esto de forma regular, debería inventar un nombre para su show y contratar a alguien para que haga una buena introducción de voz. Esto agregará una gran cantidad de credibilidad y además lo hará más atractivo para los oyentes. Se dice que los oyentes cultivan una relación única con los anfitriones de un show de radio que escuchan regularmente. Deberá crear la misma magia aquí. Nuestro sitio favorito para obtener talento en voces es *voices. com*. Por alrededor de 100 dólares, puede tener una introducción profesional grabada con música.

Una vez que tenga algunas ideas de contenido, un nombre para su show y una introducción grabada profesionalmente, estará listo para comprar algunos equipos.

La tecnología y dispositivos necesarios: dependiendo de qué tan serio vaya a tomarse el podcasting, puede empezar por el extremo más barato y luego comprar equipos más caros. Recomiendo que las personas comiencen con tecnologías de gama media y vean cómo le van las cosas. Lo genial del podcasting es que incluso la tecnología de alta gama no es tan costosa.

La pieza más importante en su *kit* de herramientas es su micrófono. Si su audio sale distorsionado, le costará atraer personas a su podcast. Si quiere mantener las cosas simples, puede usar un micrófono que se conecte directo al puerto USB de su PC o Mac.

Acerca de los altos costos, puede pensar en comprar micrófonos de gama más alta, como un Sennheiser y/o Shure. Estos equipos son mucho más avanzados y, por supuesto, mucho más costosos.

Muchos micrófonos cuentan con base para escritorio, pero otros necesitan un soporte. Además, un filtro de viento también es una buena adición a su *kit* de herramientas, ya que le ayudará a prevenir los chasquidos que generan ciertas palabras.

Una vez que tenga su micrófono funcionando, la última pieza que necesita es el programa para hacer la grabación.

Aquí hay una lista de las herramientas más populares (muchas de las cuales ya podría tener):

- **Grabadora de sonidos (instalada en PC).**

- **Garage band (instalada en Mac). para crear piezas de musica y podcast**

- **Audacity. editor de audio**

- **Camtasia. programa que sirve para grabar lo que sucede en las pantallas del ordenador y crear presentaciones**

- **Pro Tools. pataforma de edición y mezcla en estudios profesionales**

Si quiere incluir a un invitado que no esté con usted en el estudio de grabación, puede aprovechar herramientas como Google Hangouts, Skype, GoToMeeting, Hotrecorder.com, o hasta una simple línea telefónica puente. La clave es asegurarnos de que la persona que esté entrevistando también tenga un buen equipo de audio y una conexión a Internet rápida; de lo contrario, escuchará como se corta la conversación y eso no se oirá bien para su audiencia.

Grabación de su primer *podcast:* cuando tenga su equipo instalado, presione grabar y conduzca su primer *podcast.* Si comete algunos errores en el camino, no se preocupe, esto tiene solucion. Si se equivoca completamente, recomiendo que empiece desde el principio y lo haga de nuevo. Lo bueno es que esto no es radio en vivo. Si comete errores, puede comenzar de nuevo o editar el error.

Asegúrese de mantener un ritmo y tono animado. Que el contenido fluya, para que el espacio muerto se minimice. Recuerde que la diversión puede servir de mucho aquí.

Una vez que tenga la grabación completa, puede aprovechar su herramienta de *software* para aplicar una ligera edición (como balancear el sonido). Solo asegúrese de incluir la introducción que haya grabado.

Distribuir su podcast: una vez que tenga su archivo final, entonces, podrá continuar a la fase de distribución. Esto podrá ser poco técnico, pero queremos darle un buen resumen para que pueda tomar las acciones necesarias por usted mismo o busque a alguien para que lo asista.

Una vez que el archivo esté en su computador, digamos que se llame *podcast1.mp3,* necesita agregar alguna información sobre esta pista específica de audio antes de subirla. A esto se le llama etiquetado. La parte técnica involucra editar los metadatos o etiquetas ID3. Necesita incluir esta información con su archivo para que los diferentes reproductores multimedia puedan comprender y mostrar cosas como el título de su *podcast,* su nombre, el número del show o incluso el arte del *podcast.*

Una vez que el *podcast* esté etiquetado, necesitará subirlo y guardarlo en algún servidor para que cuando sea el momento de reproducirlo (como itunes), sepa de dónde tomar el archivo de audio. Recomiendo usar Amazon S3, pero también puede usar otras herramientas como *www.podbean.com, www.buzzsprout.com, o www. soundcloud.com.*

Una vez que el archivo esté cargado en un servidor, usted obtendrá un enlace que lo llevará directamente a su archivo de audio. Este enlace es importante porque es el lugar al que los reproductores y diferentes direcciones recurrirán para reproducir su archivo.

La parte más complicada es la última y esa es instalar un *feed*. Un *feed* es una forma de indicar el contenido para que sea más fácil de leer por varios sitios web, aplicaciones y directorios.

Los directorios de *podcast*, como itunes, Sticher y Zune, leerán el *feed*, sabrán que un nuevo show salió y lo publicarán. Lo hermoso es que después de que instale el feed, todo lo que necesita hacer es seguir publicando *podcast* directamente a su sitio web e iTunes, así como los otros directorios se actualizarán automáticamente.

Cómo obtener oyentes: una vez que haya hecho todo el trabajo duro, ahora estará pensando en, ¿cómo obtengo muchos oyentes? La manera más corta es producir grandiosos contenidos regularmente. Si produce un buen contenido, las personas hablarán de éste, le darán buenas calificaciones y harán blogs sobre usted. Lo que es genial de iTunes, es que su *podcast* estará disponible de forma gratuita, animando a más oyentes.

Las otras formas de hacer que su podcast sea oído por más personas es promoverlo por medio de otros canales. Escriba entradas de blog sobre sus podcasts, haga una nota de prensa o dos, promuévalo a través de las redes sociales, envíe emails a su lista de contactos. A menudo, un show comienza con un puñado de oyentes y crece como un incendio forestal si el contenido es bueno. Los *podcast* son fáciles de compartir por la web y los oyentes satisfechos harán gustosamente ese trabajo por usted.

Lista de verificación del podcasting: a continuación marque con una "X" los pasos a medida que los vaya completando, ¡así se asegurará de que lo ha hecho todo!

- Decida la naturaleza del contenido que va a producir; recuerde que el contenido divertido y práctico funciona bien.

- Cree un nombre para su show y un arte que le corresponda.

- Contrate a un profesional para que le haga una gran introducción usando algo como www.voices.com.

- Compre el micrófono, los equipos y los *software* necesarios.

- Grabe su primer *podcast*.

- Ubique la introducción delante de su *podcast* en un solo archivo, guardándolo en su computador.

- Etiquete el archivo de audio correctamente para que los reproductores sepan cómo llamarlo.

- Suba el archivo de audio a un servidor (donde será alojado).

- Cree un *feed* en su sitio web para que los directorios del *podcast* puedan tomar el archivo del servidor.

- Difunda la palabra a través de otros canales para hacer crecer sus seguidores.

4. Video marketing: aprovechamiento del video para obtener mayores ganancias

No hay duda de la gran videomanía alrededor del mundo. Esto ha sido impulsado con el crecimiento del uso de los dispositivos móviles. Todos los que tengan un dispositivo móvil son esencialmente periodistas. A lo largo de las décadas todo ha estado cambiando de texto a audio y de audio a video. Queremos ver las cosas en vez de solo leerlas u oírlas. El factor prueba ("Oye, lo vi en vez de solo leí"), el factor entretenimiento, facilidad de uso y habilidad de encontrar prácticamente cualquier cosa online continúa impulsando el mercado del video y su popularidad. Queremos poder obtener cosas a petición y rápido.

Con la facilidad de la tecnología en la punta de nuestros dedos, el observar videos en todas partes, se ha vuelto como una especie de norma cada vez más popular. Sus pacientes y prospectos ya no desearán solamente leer textos o ver imágenes. Desearán ver videos. Ellos quieren ver que sus productos o servicios cobren vida en los videos.

A continuación, le explicaremos todo lo que necesita saber para beneficiarse del boom del video y como ir un paso adelante de sus competencias.

¿Por dónde debo empezar para hacer video marketing?

¿Intente crear un video viral? ¿Cree videos de bienvenida a su sitio web; videos educacionales para Youtube, o tantee el terreno con algunos videos en vivo? La respuesta es: todo depende de lo que tenga para empezar o trabajar.

Anteriormente en este libro, le pedimos que hiciera una auditoría de su marketing. ¿Qué le dijo esa auditoría con respecto al video? Si es como la mayoría de los médicos, usted tendrá muy pocos beneficios en el ámbito del video y muy probablemente estará comenzando desde cero. Si está preparado con docenas o cientos de videos, siéntase libre de saltarse esta sección. Nosotros aún no hemos trabajado con muchas clínicas que empiecen con una cantidad sustancial de videos en su arsenal.

Desde el punto de vista de los videos, estos son los más importantes que necesita producir:

- **Un video de bienvenida en su página principal.**

- **Videos relacionados con sus productos y servicios.**

- **Videos de conferencias y eventos que puedan ser reproducidos en la pantalla de un televisor o de un computador.**

- **Videos que puedan ser integrados en sus emails.**

- **Testimonios.**

- **Contenido típico educacional para Youtube y otros sitios web de videos.**

- **Videos con el propósito de optimizar los motores de búsqueda.**

Ahora trataremos, con un ejercicio, el paso a paso para impulsar sus esfuerzos de marketing con videos.

Ejercicio: ¿Cómo empezar con los videos online?

1) **Decida si tiene el equipo (y el talento) para producir los videos en casa o si necesita contratar un estudio.** Este

paso puede llegar a ser un poco complicado. Depende del tamaño y la forma de su clínica usted puede grabar sus videos en ella, pero normalmente es mejor aprovechar la oportunidad tanto en un estudio como en la casa. Yo recomiendo producir los videos "especiales" en un estudio y los educacionales en la oficina. Al comienzo puede que tenga que hacer una inversión adicional en equipos, pero a la larga, se ahorrará dinero en producir alguno de los videos internamente.

2) **Escriba guiones para sus videos especiales.** Le recomendamos, primero, que trate de enfocarse en producir videos especiales y más importante aún, si usted todavía no ha publicado un video en su página inicial. Siempre que usted (o alguien de su equipo) tenga buena presencia frente a las cámaras, será conveniente que estos videos sean principalmente sobre diálogos. Sus prospectos y pacientes se identificarán más al ver rostros y lenguajes corporales que con cualquier otra cosa.

Con ayuda del guion, deberá intentar mantener el video corto, animado, positivo y objetivo. Tenga en mente que a sus prospectos y pacientes solo les importan ellos mismos. Hable de los beneficios que usted proporciona y cómo los beneficiará su producto o servicio. Debe intentar evitar que estos videos sean hechos con enfoques de "mi".

Nosotros preferimos tener los puntos principales de los guiones en una lista con viñetas en lugar de tener un guion completamente estructurado. Hemos descubierto que cuando estamos leyendo palabra por palabra tiende a ser aburrido, al contrario que cuando hacen improvisaciones en los videos. De la misma manera, si no tenemos la lista de viñetas, podemos olvidar los puntos clave.

3) **Contrate un estudio y haga que produzcan sus videos.** Una vez preparado con sus guiones, involúcrese con un estudio profesional local para grabarlos. Ellos se conectarán con el proceso, lo asesorarán y le darán una retroalimentación honesta basada en su desempeño. Si desea la mejor tarifa, coordine medio día o un día entero para producir la mayor cantidad posible de videos especiales.

Como un punto aparte, le invitamos a que contrate a un maquillador profesional para hacer que usted (o su talento) se vea incluso más impresionante, es decir, se le aplicará el maquillaje tal y cual como se le aplica a los grandes actores de Hollywood.

Haga que sus videos sean grabados frente a una pantalla verde para que tenga la máxima flexibilidad a la hora de editarlos. El verde le permitirá colocar cualquier tipo de fondo que se imagine.

Desde un punto de vista de edición, cuente con expertos, pero hágales saber sobre que trata, el enfoque y el tono del video que desea. Mientras más información le proporcione sobre su clínica y sobre sus pacientes mejores serán los resultados.

4) **Sáquele provecho a los videos que ha grabado**. Luego de que tenga los videos finales en sus manos, colóquelos en la web o en los lugares respectivos donde deban ir. Desde un punto de vista técnico, use un servicio como Wistia.com para hospedar los videos o almacenarlos en Amazon S3 y use un *plug-in* de manera que los videos se reproduzcan rápidamente. ¿Ha visto algún video que tarde minutos en cargar? Deseamos que los videos carguen rápidamente sin que tengan que hacer *buffer*. También queremos que se asegure que sus videos no tengan ningún anuncio publicitario añadido por los sitios web que ofrecen servicios gratis al subir sus videos (como Youtube.com). Se ve poco profesional que un video tarde en cargar en su página principal y que además ese video tenga publicidad de productos o servicios de otras compañías debido a los anuncios publicitarios.

5) **Cree su propio estudio.** Una vez que haya realizado los videos especiales para mejorar la imagen de su compañía de manera visual. Felicítese usted mismo por haber realizado estos videos. Ahora es el momento de subir la temperatura y enfocarse en los videos educacionales que ayudarán a impulsar la práctica de su carrera profesional.

Al crear su propio estudio, necesitará encontrar un lugar en su clínica en el cual pueda organizar y dejar las cosas de manera ideal para iniciar una grabación. Hemos descubierto que realizar los videos no es la principal resistencia que la gente experimenta. La gente coloca los videos en una baja prioridad debido a la cantidad de tiempo que puede tomar el arreglar el "estudio de grabación". Le recomendamos que encuentre un lugar silencioso y agradable en el que pueda grabar sus videos cada mes.

A continuación, empiece a invertir algo de dinero en equipos. Hay muchas rutas que puede tomar aquí, depende de su presupuesto y del personal que posea. Nosotros recomendamos empezar con los artículos menos costosos e ir subiendo a partir de éstos. Usted necesitará:

- **Una cámara.**

- **Un stand o trípode para la cámara.**

- **Un micrófono inalámbrico.**

- **Un fondo sobre el cual grabar.**

- **Un equipo de iluminación.**

En lugar de darle información sobre productos específicos, le recomiendo revisar Amazon.com y clasificarlo por valoraciones. Deberá comprar una cámara HD y un buen micrófono. Acostumbramos decirle a las personas que inviertan más dinero en el micrófono en lugar de en la cámara, puesto que la calidad de sonido es fundamental, así mismo, recomendamos comprar un *kit* de pantalla verde para que pueda reproducir el ambiente en un fondo verde.

Fácilmente podrá obtener todo lo que necesita por menos de 1000 dólares.

6) **Haga una lluvia de ideas sobre los temas del video.** Se supone que estos videos sean educacionales cortos y agradables. Estos van a ser aprovechados en su blog, en Youtube y en otros sitios de videos. Siempre recomendamos empezar con las preguntas principales que se realizan sus prospectos de manera frecuente, es decir, grabe primeramente en relación con las inquietudes de sus clientes. Tenga sus videos por debajo de los 3 minutos de duración.

Una vez que haya grabado videos sobre todos los temas principales, sáquele provecho a la herramienta de Palabras clave de Google y escriba frases aleatorias para ver sobre cuáles temas están buscando las personas.

Si invierte algunas horas escribiendo sobre temas para hacer videos, fácilmente terminará con suficiente material para grabar durante 3-6 meses o más. Recuerde, mantenga el contenido con estilo educacional en lugar de ser una oferta de ventas. Si tiene una clínica "formal" que no se presta para hacer videos divertidos, expándase un poco y hable sobre las cosas que se puedan hacer en el medio y sobre eventos actuales o tendencias. El objetivo es mantenerse grabando videos de manera frecuente.

7) **Grabe los videos.** Una vez que esté preparado con sus temas y algunas listas de viñetas para cada video, entonces ya estará listo para ponerse manos a la obra y grabar los videos. Recomendamos que haga estos de una sola vez en lugar de intentar hacer algunos cada semana. Intentaremos ser optimistas aquí; la mayoría de las veces, estos videos no se terminan haciendo, la vida se interpone. Hágalos todos en una tarde y programe otra grabación para la próxima vez (puede ser el mes siguiente). Con algo de experiencia, podrá grabar de 15 a 20 videos en aproximadamente 90 minutos.

8) **De ser necesario, Edite los videos.** Personalmente, prefiero hacer una edición muy ligera, en caso de que sea necesario. Los videos de corte más bruscos tienden a ser mejor percibidos por los prospectos y hacen un mejor trabajo en crear las relaciones entre usted y sus espectadores. Si tiene a alguien en su equipo que pueda hacer esto, entonces saque provecho de programas como Imovie o Final Cut Pro; o puede delegar esta parte a su estudio local o a un *freelance* en sitios como upwork.com. Sus videos deberían incluir lo siguiente:

- **Una introducción.**

- **Una conclusión (que los videos terminen de una manera similar con un llamado a la acción).**

- **Un enlace a una página web en la parte inferior del video.**

- **Música.**

- **Buena iluminación y sonido.**

Tenga cuidado aquí, debido a que puede invertir una cantidad de dinero considerable en la fase de edición. Siempre hemos sido partidarios de hacerlo personalmente, pero eso depende de su equipo y de sus recursos.

9) **Suba los videos.** Una vez que tenga los videos editados con sus llamados a la acción listos, podrá distribuirlos a través de la web. El sitio número 1 para videos es (y probablemente siempre será) Youtube.

Al subir videos, asegúrese de optimizarlos de manera correcta (muy similar a una publicación de un blog).

Este debería tener un título y descripción atractiva con palabras clave y varios tags asociados con el video. También puede publicar el video en otros sitios de videos como lo son dailymotion.com, Vimeo.com y metacafe.com. Una herramienta como trafficgeyser.com o tubemmogul.com puede ser utilizada para ayudarlo a automatizar el proceso de publicar más fácil en varios sitios de manera rápida.

10) **Cree su próximo lote.** La parte más importante para poder generar más tráfico en los videos es mantenerse constante en el número de videos que produzca. Incluso si no es capaz de hacer de 10 a 20 videos mensuales pruebe con 5, pero hágalo.

Cambiando de YouTube a Facebook Live, Periscope y Hangouts de Google

No hay ninguna duda de que Youtube es un sitio gigantesco y poderoso. Esta página web de seguro cuenta con más de mil millones de usuarios. Le alentamos a que continúe su marketing con Youtube, sin embargo, me gustaría que entienda las limitaciones que este presenta. Como en la Tv tradicional, es una conversación unidireccional.

¿Se imagina ser capaz de interactuar con un reality show en la tv en tiempo real, u obtener retroalimentación en vivo de algo que esté considerando comprar? Los videos de transmisión en vivo y experiencias basadas de la web en vivo pueden elevar su marketing a un nivel completamente diferente. En lugar de limitarse simplemente a observar el contenido de otras personas, actívese a producir contenidos de alta calidad que lo impulsarán a obtener mayores ventas y mayores utilidades para su clínica.

Dos opciones para ver videos

Solo hay dos opciones para ver u observar videos en línea:

Opción 1: puede observar un video de presentación acerca de un procedimiento de inyecciones de bótox en YouTube.

Opción 2: puede ver una transmisión directa, a las 7:30 PM desde un consultorio donde estén aceptando y respondiendo preguntas, además de proporcionar retroalimentación, en vivo.

¿Qué opción prefiere? La opción 1 es perfecta para gente ocupada que no pueda cumplir con el cronograma, pero la mayoría de las personas se irán con la opción 2 para así poder formar parte del evento. Por otro lado, para facilitar la interacción, podemos permitirles que se hagan preguntas a medida que vayan avanzando en el proceso y preguntar a otros, si tienen algún comentario.

Ventajas del video en vivo:

* Involucra interacción.

* Normalmente atrae una mayor asistencia.

* Les permite a los usuarios compartir la emoción.

* Atrae diferentes sensaciones y emociones.

* Puede ser aprovechado como un video estático en un futuro.

Desventajas del video en vivo:

- Puede generar problemas de programación. No todo el mundo es capaz de realizar una presentación en vivo, con muchas personas esperando una grabación.

- Involucra un tiempo de atraso, esto quiere decir que son preferibles computadores y conexiones de internet más veloces.

- Como hemos hecho con las otras desventajas, podemos refutarlas. Pero si la gente no puede asistir a su transmisión en vivo, entonces podrán reproducirla. La ventaja de esto con respecto a YouTube es que, incluso así, usted obtendrá algo de la experiencia en vivo en su computador.

- Con respecto a tener computadores y conexiones de internet más veloces, éste solía ser el caso para la mayoría de las fuentes. Siempre existía algo de tiempo de retraso. Esta situación ha mejorado notablemente y continuará mejorando a medida que avance la tecnología, incrementándose la velocidad de los computadores, conexiones de internet y los servicios de transmisión de videos.

- Usted puede transmitir un video en vivo directamente desde su Iphone, Ipad, Android, o cualquier otro dispositivo. Piense en el potencial que hay en esto. ¡Usted ya puede reportar sobre las últimas noticias y transmitir un video desde cualquier lugar del mundo con solo presionar un botón! No necesita ningún equipo sofisticado de video, un artista de maquillaje (si no es tan exigente), un chico encargado del sonido, o un equipo de iluminación; solamente necesita su teléfono celular.

¿Qué factores ocasionan que la tendencia de los videos en vivo se incremente?

- Ser capaz de experimentar cosas, se ha convertido en la última tendencia y en la actualidad es realmente la regla.

- La gente está migrando continuamente a la web para ver videos, mientras que la audiencia de la televisión tradicional sigue declinando. YouTube, por ejemplo, alcanza a más adultos en Estados Unidos con edades comprendidas entre 18 y 34 años que cualquier otra compañía de cable.

- A las personas les encanta estar entretenidas y no quieren ser dejados por fuera de la diversión.

- Cualquiera puede empezar a transmitir fácilmente su propio programa desde cualquier dispositivo móvil.

- La tecnología y la calidad han mejorado drásticamente en los últimos años.

Consejo: hay una infinidad de ideas y marcas por usar en los videos de transmisión en vivo para su trabajo de marketing. Lea a continuación algunas de estas ideas, recién salidas del horno:

- **Conferencias.**

- **Lanzamiento de productos y/o servicios:** qué mejor manera de presentarle al mundo un nuevo producto y/o servicio que anunciándolo en vivo a su público, y que tome órdenes en el momento.

- **Fiestas:** ¿acaba de alcanzar una meta y quiere celebrarlo con su personal? Ingrese en Facebook Live, haga un brindis y ¡beba un poco de espumante!

- **Entrevistas:** las entrevistas son una manera genial de interactuar. Facebook Live ha sido usada ampliamente en las últimas elecciones por los candidatos políticos en Estados Unidos.

- **Educación:** la mayoría de la gente en Facebook Live usa el servicio para educar a sus espectadores sobre diferentes tópicos de interés, combinando el chat con las preguntas y respuestas en el proceso.

El grabador de video fácil

Ahora que lo tenemos todo, entusiasmado para grabar cientos y cientos de videos, vamos a hacer que su vida sea 10 veces más sencilla y vamos a hablarle sobre nuestro dispositivo favorito de grabación. Permítame prepararle el escenario. Este dispositivo:

- **Cabe en su bolsillo.**

- **Graba en alta definición.**

- **Es fácil de usar.**

- **Puede publicar en la nube de manera instantánea o trasmitir en vivo.**

- **Lo puede usar cientos de veces al día**

- **Cuesta menos de 400 dólares**

Este dispositivo es su ¡teléfono celular!

La calidad de los videos en un teléfono celular continua mejorando con cada teléfono que sale al mercado. Lo mejor de todo, es que ya puede tener su dispositivo con usted en cualquier lugar al que vaya, de esta manera puede grabar fácilmente "videos en el momento".

A continuación, mencionaremos algunos ejemplos de la infinidad de enfoques que puedan tener los videos:

- **Grabar testimonios.**

- **Crear publicaciones de video blog.**

- **Producir videos educacionales.**

- **Promocionar productos.**

- **Capturar eventos alocados cuando ande por allí.**

Nuestra intención es hacerle la vida más fácil, no más complicada. Utilizar su dispositivo móvil en lugar de un estudio de video completamente equipado hará que esto suceda.

CAPÍTULO 10

Lead Magnet y autocontestadores

Un *Lead Magnet* es un contenido gratuito y de calidad que se ofrece a cambio de los datos personales de un visitante en una web. Respecto a los autocontestadores, tomémonos un minuto para explicar lo que son y cómo los usarán.

Un sistema autocontestador es primordialmente una base de datos de información de contactos. Cuando la gente llena el formulario para obtener el informe gratis, esa información va hacia la base de datos. Un sistema autocontestador crea los formularios, recolecta la información y le permite enviar secuencias de correos eléctronicos. Hay muchas compañías que proveen este servicio (le daremos nuestras recomendaciones personales más adelante)

Hablemos sobre los tipos de mensajes que puede enviar desde su servicio de autocontestador: temporizado y difusión.

Los mensajes temporizados son correos elétronicos que son enviados basados en el número de días que han pasado desde que una persona inicialmente se inscribió para recibir su informe gratis. Podría configurar un horario para que inmediatamente después de que se haya pedido el informe, sus lectores obtengan un correo eléctronico de agradecimiento. El día siguiente, el mensaje # 2 sale preguntándoles sin tienen alguna otra pregunta. Dos días después de eso, obtienen el correo eléctronico # 3, luego otro correo cada dos días después de eso y así sucesivamente. Solo tenga en mente que la secuencia empieza con el día en que los prospectos inicialmente se inscriben para el informe gratis. Por ende, si alguien se inscribe el lunes, recibirá el mensaje # 1 ese día y el correo # 2 el martes. Si se inscribe para el informe gratis el miércoles, obtendrá el mensaje # 1 el mismo día y el correo # 2 el jueves.

Luego que haya completado el desarrollo de la secuencia inicial, podrá agregar correos que salgan cuando usted quiera por un año o más.

Puede decidir cualquier frecuencia que desee para su secuencia de correos temporizados. A nosotros nos gusta un horario en el que enviamos los mensajes iniciales bastante seguido y luego pasamos a intervalos más largos entre mensajes. Personalmente, estoy en contacto con mi lista de suscriptores todas las semanas y no recomendaríamos que deje que pasen más de dos semanas sin conectarse.

No es sorpresa que necesitará asegurarse de que los mensajes en una serie temporizada tengan temas que son "constantes" o "eternos". Con esto me refiero a que debe enfocarse en los problemas de los pacientes que fueron problemas ayer, son problemas hoy y, probablemente sean problemas en el futuro cercano.

Aunque los mensajes temporizados son en lo que estará trabajando hoy, queremos usar unos minutos hablando sobre los mensajes de difusión, ya que estos se tornarán importantes una vez que tenga un número de seguidores que hayan optado por recibir su oferta gratis.

Como el nombre "mensaje de difusión" podría insinuar, estos mensajes son enviados a todos en su base de datos al mismo tiempo. La ventaja de un mensaje de difusión es que puede ser oportuno. Aquí es donde puede mencionar sobre la nueva Máquina *Coolsculpting* o algo más que esté en las noticias del momento. La inmediatez de los mensajes de difusión hace que sobresalgan por encima de los correos que sus pacientes prospecto reciben en un día típico. Son una herramienta poderosa, pero son algo que vale la pena hacer cuando su lista de suscriptores es mayor a 100.

Sus siete mensajes de correo

Estaremos para darle plantillas para cada uno de los siete correos que estará enviando. Siéntase en la libertad de adaptarlos a su voz personal. Trate, sin embargo, de mantener el tema de cada correo similar a lo que sugerimos.

Una de las ventajas de usar un autocontestador es que el *software* le permitirá agregar a cada prospecto por nombre (vamos a guiarlo por los pasos de cómo cargar estos mensajes en el servicio de autocontestador. Para propósitos de desarrollar estos mensajes, podrá hacerlo en un documento de Word y luego cortarlos y pegarlos en el sistema). Cuando enviamos mensajes usando el autocontestador, cada mensaje se personalizará al receptor. El sistema automáticamente pondrá los primeros nombres de todos sus prospectos. Por ende, el prospecto Carlos recibirá un mensaje que dirá, "¡Hola Carlos!".

Su secuencia de siete mensajes

Aquí está la secuencia que yo recomiendo usar. Esta lo pondrá inmediatamente en el camino de construir una fuerte relación con su prospecto. Los temas para los siete correos son los siguientes:

Mensaje 1: envíe el link para que el receptor pueda descargar su Lead Magnet gratis.

Mensaje 2: un mensaje seguido para asegurarse de que recibieron el correo # 1. Asegúrese de incluir un link con acceso a la información gratis de nuevo.

Mensaje 3: pregúnteles si encontraron útil algún pedazo específico de información de su oferta gratis. Esta es una manera altamente efectiva de motivar a aquellos que no han leído el reporte a que lo hagan. Esto también es una gran oportunidad para pedir algo de retroalimentación.

Mensaje 4: cuente una historia sobre cómo alguien está usando el consejo que compartió. La idea es comunicar que otros que son similares al lector resolvieron sus problemas siguiendo su consejo.

Mensaje 5: ofrezca un consejo adicional o una idea que no estaba incluida en el informe.

Mensaje 6: responda una pregunta que un paciente le haya hecho recientemente. (Si no tiene pacientes todavía, puede pensar en una pregunta que los pacientes prospectos podrían hacer con seguridad).

Mensaje 7: ofrezca una consulta gratis de 30 minutos.
Ok, ahora empecemos a desarrollar su secuencia de mensajes.

Mensaje # 1

Recuerde, en un sistema de autocontestador, "días" se refiere al periodo de tiempo que ha pasado desde que el prospecto se inscribió para obtener su oferta gratis. Este primer correo en la secuencia es enviado inmediatamente, en lo que se refiere como "Día 0".

El asunto de su primer correo: "Aquí está el informe de **(Título del Lead Magnet)** que pidió".

Hola (primer nombre),

Solo quería escribirle para presentarme y agradecerle por pedir **(El título de su lead magnet).**

Puede obtener una copia haciendo clic aquí:

(El link donde los prospectos pueden descargar su *Lead magnet*).

Mi nombre es **(su nombre)** y he pasado los últimos años ayudando a **(pacientes)** a obtener **(resultados a un problema mayor).**

Ahora que es un suscriptor, voy a enviarle información periódica y compartiré MUCHOS de nuestros secretos acerca de cómo **(obtener los resultados que quiere su paciente prospecto).**

Por cierto, si alguna vez quiere dejar de recibir mi boletín, solo haga clic en el link que esta abajo para darle de baja.

Naturalmente, NUNCA compartiré su correo u otra información con terceras personas.

Gracias por pedir el (*Lead Magnet*) y espero ayudarlo a **(beneficio que ofreces)**.

Otra vez, el enlace para descargar el informe gratis es éste: **(link al informe)**.

Gracias,

(Su primer nombre).

Mensaje # 2

Este mensaje saldrá en lo que el auto contestador llama "Día 1", que es un día después de que sus prospectos se inscriben. Aquí hay una plantilla simple:

El asunto de este correo podría ser "seguimiento rápido"

Hola **(primer nombre)**

Aquí **(su nombre)**. Solo quería asegurarme de que descargó de manera exitosa el (Lead magnet) gratis que pidió, **(Titulo del Lead Magnet)**. Si por alguna razón no llegó, no se preocupe, aquí está el link de descarga: **(link)**.

Durante los últimos **(número de años)** años, he asistido a pacientes como usted en la resolución de **(tipo de problemas)**. Le ofrezco algunas ideas de cómo otros están resolviendo estos problemas en el reporte y puedo garantizar que tendrá resultados geniales

Gracias, y lo estaré contactando en un par de días. Le deseo lo mejor,

(Su primer nombre).

Mensaje # 3

En el tercer mensaje nos enfocaremos en una sección particular contenida en el Lead Magnet. Por ende, el primer paso es revisar qué esté mandado a sus suscriptores y escoger algo de lo que querrá hablar.

Podría ser una historia particularmente interesante que cuente en el reporte, o parte de la información más relevante para su audiencia particular. Eso es a lo que hará referencia en este correo.

Un punto importante mientras escribe este correo es asegurarse de describir específicamente dónde se puede encontrar esta pieza de información.

Aquí está la plantilla con ejemplos que ilustran el tipo de información a colocar en los espacios que rellenará. Este correo sale el "Día 3".

El asunto de este correo podría ser "pregunta rápida, **(primer nombre)**"

Hola (primer nombre)

A estas alturas espero que haya tenido el tiempo de leer **(Título del Lead Magnet).**

Muchos de mis pacientes me dicen que la historia que compartí sobre **(la historia o información)** *(cómo ayudé a la mujer que estaba sentada en la boda de mi hermana a superar su miedo a las inyecciones de Bótox usando un pequeño aparato vibrador)* fue particularmente útil para ellos.

Me da curiosidad saber qué piensa. ¿Lo ayudé?

¿Es algo que ha intentado antes?

Si no le importa, agradecería enormemente un comentario rápido sobre el informe. La manera más fácil de hacerlo es dándole a "responder".

La próxima vez, le compartiré un ejemplo de un caso de la vida real sobre cómo otros en **(pacientes)** *(gente que está* *muy interesada en la medicina estética)* están usando esta información para **(resolver un problema particular)** *(poder superar su miedo a las inyecciones y rejuvenecer con* Bótox y *rellenos).*

Los mejores deseos,

(Tu primer nombre).

Hay algunas razones por las cuales nosotros incluimos este correo en la serie. La primera es que es más probable que convierta a un prospecto en un paciente si leen su reporte, ésta es otra manera de motivarlos.

También, cualquiera que le responda con comentarios está empezando a enlazarse con usted en un nivel personal. Cuando un prospecto responda, es un indicativo de que están empezando a conocerlo, gustar de usted confiar en usted. No se sorprenda que estas sean las personas que tienen más probabilidades de convertirse en sus pacientes.

La última razón por la cual incluimos este correo en la serie es que en algunas ocasiones la retroalimentación puede ser útil.

Si la gente le envía comentarios, sin importar que esté de acuerdo con ellos o no, lo amable es aceptarlos sus comentarios. Por lo menos, escriba algo como "gracias por el comentario. De verdad aprecio que se tomara el tiempo de compartir sus ideas". Podría inclusive agregar "Me gustó mucho su comentario sobre_____
_____". Podría además, si quiere, ofrecerle una consulta gratis si mencionan un problema o situación con la que estén lidiando.

Mensaje # 4

En este mensaje estará contando una historia sobre alguien que ha usado la información en su Lead Magnet. Ya que esto es tan individualizado, no será fácil copiar desde la plantilla. Hicimos lo mejor que pudimos para hacerla tan simple como nos fue posible. Este mensaje sale el "Día 5".

Si no quiere usar el nombre real de su cliente, puede escribir "un cliente mío, a quien llamare Raquel". Al usar nombres hacemos que estos corros sean más llevaderos para leer y mucho más sencillos de escribir.

El asunto de este correo podría ser "Cómo **(nombre) (lo que logró)**". Por ejemplo, *"Cómo Raquel logró verse 10 años más joven"* Así es como debe fluir este correo.

Hola **(primer nombre)**

Déjeme contarle sobre un paciente mío llamado_____ *(o que llamaré_____)*. **(Nombre)** es **(puesto de trabajo o alguna descripción que aplique basándose en la historia que contará)** que tuvo un problema. Cada vez que ella quería **(algo que quería lograr o nunca pasaba)**, no funcionaba. No solo no **(lo lograba)**, sino que **(pasaba algo peor)**.

Como podrá imaginarse, **(Nombre)** estaba muy frustrada. No sabía qué más hacer.

Por suerte, descubrió *(o yo le enseñe)* **(la información o técnica que quiere destacar)** de la cual hablo en **(nombre del informe)** en la página_____.

No le tomó mucho tiempo entender el concepto y comenzó a visitar nuestra clínica. Pronto, **(comenta lo que paso)** *(si puede llevarlo a tres éxitos progresivos sería genial, pero si no puede, también está bien)*. Entonces *(o gracias a eso)* **(otro resultado positivo que haya ocurrido)**. Y luego *(o gracias a eso)* **(otro resultado positivo más que haya ocurrido)**. Hasta que al final **(nombre) (hizo lo que quería hacer desde el principio)** *(asegúrese de ser específico aquí)*. Y desde entonces, nunca más tuvo un problema con **(cualquiera que fuere su problema otra vez)**.

Su éxito no es único, pero la clave estuvo en que tomo acción. Nos encantaría escuchar sobre los resultados (o inclusive los problemas) que esté experimentando mientras avanza.

En mi próximo correo, le compartiré algo que pienso encontrará extremadamente útil, que no he mencionado antes.

Le deseo lo mejor,

(su primer nombre)

Mensaje # 5

Este es el mensaje donde compartirá algo que "olvidó" incluir en el reporte. Sale el "Día 7" de su serie de autocontestador.

Si ya tiene algo en mente, salte esta sección y empiece de una vez en la plantilla.

Pero si no, aquí hay algunas preguntas que puede hacerse para que se le ocurra un tema:

- ¿Qué beneficio o resultado quieren sus pacientes que no haya mencionado todavía?

- ¿Puede hacer una lista de qué hacer y qué no?

- ¿Cuál es el error más grande que la gente comete regularmente sobre un tema o producto que necesita evadir?

- ¿Qué historias de éxito tiene que no haya comentado todavía? ¿Hay alguna con una lección que pueda agregar que sea útil para sus prospectos?

Una vez seleccionado lo que va a tratar, tómese unos minutos para escribir algunas notas. Cuando esté listo, podrá empezar a trabajar con la plantilla de abajo.

Use como asunto "**(primer nombre)**, olvidé mencionar esto"

Hola **(primer nombre)**

Mencioné en mi último correo que iba a decirle algo que olvidé incluir en el informe.

Quiero compartir esto con usted ahora porque creo que es algo que encontrará muy útil.

(Agregue su ítem aquí).

Hace poco me hicieron una pregunta (**inserte la pregunta que desarrollará en el siguiente correo)** y compartiré lo que pienso al respecto con usted la siguiente vez que nos comuniquemos.

Hablemos pronto,

(su nombre)

Mensaje # 6

Este mensaje sale el "Día 9" de su serie de autocontestador.

Necesitará que se le ocurra una muy buena pregunta para responder aquí.

Idealmente querrá alardear de otro beneficio que viene de trabajar con usted, o responder una pregunta que supere la objeción típica que evita que las personas trabajen con usted, o escoger algo que agregue a su credibilidad como experto.

Su asunto para esto podría ser "una pregunta que muchos

(pacientes) se hacen".

Hola **(primer nombre)**

Un paciente me hizo una pregunta interesante el otro día, que pensé en compartir con usted.

Él estaba teniendo un problema con **(algún aspecto de la medicina estética)**, y me preguntó "¿**(su pregunta)**?"

Es una buena pregunta y una de las tantas pacientes preocupadas por eso.

Aquí está la respuesta que le di:

(su respuesta).

¿Qué opina? Estaría interesado en escuchar su perspectiva. Solo dele a "responder" y comparta un par de pensamientos.

La próxima vez, tengo una oferta interesante para usted que no costara nada y podría ser la clave que lo ayude **(a cumplir con su meta específica)**.

Espérela en dos días,

Un cordial saludo,

(su primer nombre)

Mensaje # 7

Felicidades. Está en el último mensaje que necesita escribir en esta primera fase. Éste sale el "Día 11" de su serie de autocontestador y ofrece una consulta gratis.

Es importante pensar en el marketing como una secuencia. Para muchas clínicas el siguiente paso después de que sus prospectos lo conozcan es a través de los correos y su Lead magnet es hablar uno a uno con ellos. La razón por la cual lo aguantamos hasta ahora es que una cierta cantidad de confianza y credibilidad necesita ser establecida *antes* de ofrecer la consulta. Luego de años de pruebas en varias secuencias, encontramos que pedir la consulta en esta secuencia resulta en un porcentaje más alto de aceptaciones.

El asunto de éste sería "de potencial interés para algunos"

Hola **(primer nombre).**

Obviamente, no sé qué tan en serio lo toma (**cumplir con la meta en particular**).

Sin embargo, si ése es usted, tengo una oferta que no le costará nada de dinero y puede ser beneficiosa en extremo.

Con una frecuencia muy limitada, ofrezco consultas gratuitas a pacientes como usted. En esta sesión de 30 minutos podremos evaluar todas las mejorías estéticas que está buscando:

Si esto le interesa, simplemente haga clic en "responder" y ponga las palabras "consulta gratis" en el asunto, junto con algunos horarios convenientes y el mejor número para comunicarse con usted.

Gracias y espero poder hablar pronto con usted..

(su primer nombre)

Con ese mensaje concluimos la primera fase de Autorresponder.

Ingresando sus mensajes en el autocontestador

El siguiente paso es cargar sus mensajes en el autocontestador. Es rápido y fácil de hacer. Puede hacerlo usted mismo o pedirle ayuda a la persona que tiene para servicios web y no le costará mucho.

Como hemos mencionado antes, hay muchos servicios de autocontestador. El que recomendamos personalmente MAILCHIMP fue desarrollado por Google.

Si quiere usar un autocontestador diferente, siga sus instrucciones, pero que el proceso no sea tan diferente de los pasos que estamos por mostrarle.

Luego de que se registre, esto es lo que necesita hacer:

1. Haga clic en la pestaña "correo & marketing" de arriba.

2. Cuando el menú aparezca, seleccione "Autocontestadores".

3. En la parte superior izquierda, habrá dos botones. Haga clic en el que dice "crear nuevo".

Luego, estará creando la configuración de su campaña. Solo llene las partes de las que hablo. Salte las que no menciono.

1. Llene el espacio en blanco con el nombre de su campaña

2. Haga clic en la casilla de "encendido" en el encabezado de "suscripción directa".

3. En las siguientes dos casillas, escriba su nombre y el correo del cual saldrán los boletines. Sugiero usar un correo diferente para esta tarea. A medida que la lista crezca, podría recibir un montón de respuestas automáticas de gente a la que les está enviando correo, que no va a querer mezclar con su correo personal o profesional.

4. Al lado de "compartible", haga clic en "sí".

5. Haga clic en el botón que dice "guardar". Luego haga clic en el botón que dice "mensaje nuevo". Espere que aparezca la nueva pantalla.

6. Donde dice "días de retraso", mantenga la selección por defecto en cero para su primer mensaje. Para los siguientes seis mensajes, cambiara ese número a 1, 3, 5, 7, 9 u 11 como se indicó en el texto anterior.

7. Mantenga la selección por defecto en "tipo de mensaje" como "texto" a menos que su intención sea mandar correo que tengan un formato HMTL, en cuyo caso, selecciónelo.

8. Copie el asunto en la casilla donde va la línea de asunto y el cuerpo de su mensaje en la casilla correspondiente.

9. En el fondo de la página, haga clic en "guardar con nuevo", luego haga clic en el botón de la derecha que dice "mensaje nuevo".

10. Su mensaje se habrá cargado y estará listo para el siguiente, empezando en el paso 7.

11. Continúe hasta que todos los siete mensajes hayan sido cargados.

Consejos adicionales

Aquí hay algunos consejos para escribir correos adicionales, o si no está usando plantillas, algunos consejos sobre cómo crear sus mensajes iniciales.

1. **Escriba a una persona, aunque su correo vaya a decenas, cientos, o inclusive miles de personas.** Imagínese a alguien en su vida que se parezca al prospecto ideal. Esa es la persona a la que le escribe. Recuerde que el tono del mensaje es tan importante como el contenido. Sea amigable. Sea personal. Sea alentador.

2. **Tenga un punto de vista.** No tiene que tener a todo el mundo de su lado. Es un experto, actue como tal. Dar su opinión sin parlotear es la clave. El peor peligro en los servicios de marketing es que lo ignoren, lo que desafortunadamente le pasa a la gente que no tiene una opinión fuerte.

3. **Comparta sus historias.** Mientras más comparta sus historias personales, más lo recordarán. Hay un dicho viejo (pero, cierto), "la gente no recuerda los hechos y los números; recuerda las historias". Si quiere más referidos, necesita gente que recuerde quién es y qué hace. Ese es el poder de las historias. También, la meta es tener suscriptores que serán lectores de sus correos, boletines, y posts de blogs durante años. La habilidad de contar historias interesantes es la clave para mantener a la gente enganchada con usted.

4. **Dé una previa de su siguiente correo al final de cada correo que escriba.**

Ideas para contenido adicional

Aquí hay algunos pensamientos que puede usar para hacer una lluvia de ideas para más correos en su lista. Recuerde, los correos temporizados tienen que ser eternos, temas que son verdad hoy y verdad mañana.

Ideas para mensajes temporizados:

- Historias de éxito adicionales de pacientes o casos de estudio.

- Su opinión sobre controversias que siempre han estado en su industria.

- Tips sobre cómo ahorrar dinero y tiempo (o cualquier otro tip en los que pueda pensar).

- Más preguntas que le han hecho pacientes o potenciales pacientes.

Cuando se trata de mensajes de difusión, trate de atar su mensaje a eventos recientes. Por ejemplo:

- Controversias actuales de la industria.

- Historias que se relacionen con las noticias

- Correos relacionados con días feriados.

- Tomar encuestas (use SurveyMokey.com) y compartir la información con sus lectores.

- Links a noticias, historias o blogs sobre su industria que sus prospectos puedan encontrar útiles, personalizadas con sus comentarios sobre lo que encuentra importante sobre lo que se dice.

CAPÍTULO 11

Optimización para motores de búsqueda (SEO)

Si no está en la página número 1 de Google, su sitio web no existe realmente. No solo necesita asegurarse de que su sitio web esté diseñado de la manera correcta para los motores de búsqueda, necesita monitorear sus clasificaciones y enlaces en tiempo real para asegurarse de que se está dirigiendo en la dirección correcta. Personalmente, a pesar de haber cientos de herramientas gratis en el internet, a nosotros nos ha ido mejor con las herramientas pagas. Algunas herramientas son:

- **Moz.com:** una de las compañías más viejas en el espacio SEO (siglas en inglés para optimización en motores de búsqueda). Sus herramientas le permitirán analizar las cosas, visualizar en dónde necesita mejoras su sitio y por consiguiente, mantener la pista sobre las cosas para así poder observar qué está funcionando y qué no lo está.

- **Wordtracker.com:** nosotros utilizamos esta herramienta prácticamente todos los días para encontrar las palabras claves más rentables a las cuales debería estar relacionado. Aunque realmente nos gusta la Herramienta de Palabras Clave de Google (Google Keyword Tool), consideramos que ésta puede ser un poco parcial y los números pueden estar desviados. Wordtracker nos ayuda a nivelar el campo de juego y concentrarnos en lo importante.

- **Raventools.com:** amamos ver reportes y raventools.com proporciona unos reportes hermosos. Comúnmente nos gusta utilizar éste, en conjunto con Moz.com para comparar ambos reportes y verificar si hay algunas discrepancias en los resultados.

Optimización para los motores de búsqueda de videos

Estemos claros, Google ama el video por varias razones. Una de ellas (desde el punto de vista financiero) es el simple hecho de que Google es dueño de Youtube.com. Por tanto, los mejores intereses de Google son que Youtube.com también tenga éxito. Una buena estrategia al agregar sus videos es a través de la optimización en motores de búsqueda de videos. Ésta es la práctica de posicionar videos en la primera página de Google en lugar de tenerlos únicamente en su sitio web. De acuerdo con las estadísticas de video mencionadas en el Capítulo 1, usted debería darse cuenta, nuevamente, de que el video produce los mejores resultados de marketing.

Lo mejor de la optimización en motores de búsqueda de videos combinado con la optimización en motores de búsqueda habituales es que se proporciona la habilidad de tener el control de las clasificaciones de múltiples primeras páginas.

Ejercicio: ¿Cómo llevar sus videos a la página número uno (1) de Google?

Aquí está la lista paso a paso sobre cómo utilizar la optimización para motores de búsqueda de videos con excelente precisión:

1. **Elija el video que quiere que aparezca clasificado en la primera página.** Esta parte requiere un poco de pensamiento estratégico. Está buscando un video que sea poderoso y que tenga un llamado a la acción sólido. Lo ideal, es que sea capaz de grabar algunos videos en un estudio profesional, en adición con los que grabó en su estudio casero. Los videos educacionales que esté grabando funcionarán bien si se asegura de que exista un llamado a la acción.

2. **Transcriba el video.** Luego de que haya seleccionado el video, transcríbalo palabra por palabra (suprimiendo, por supuesto, cualquier "Um" u otras muletillas).

3. **Elija las palabras claves con las cuales desea ser clasificado.** Utilice herramientas tales como Wordtracker.com o el planificador de palabras clave de Google.

4. **Cargue el video en Youtube.com, prestando mucha atención a la optimización.** Este paso es el más crucial. Cuando cargue el video que seleccionó, asegúrese de optimizar correctamente el video. Eso significa, cargar con un título y descripción rica en palabras claves y etiquetas apropiadas. Además, deberá cargar la transcripción que hizo en el paso 2, modificándola ligeramente para incluir las palabras claves por las que quiera que aparezca clasificado su video. Cuando esto esté finalizado, ponga el video al aire.

5. **Esboce una publicación de prensa sobre el video.** Para que sea considerado noticioso, debe haber un tipo de noticia anunciada en lugar de simplemente decir "se ha publicado un nuevo video". Un ejemplo podría ser algo así como: "El doctor Alfredo Hoyos desarrolló una nueva tecnología de liposucción de alta definición". El secreto exitoso que pudiera tener esta publicación de prensa serían los enlaces relacionados. Lo recomendable es incluir entre 1 y 3 enlaces que lo redirijan al enlace de su video de Youtube.com utilizando las palabras claves que busca. De manera que, por ejemplo, si está buscando una liposucción de alta definición, incluya esa frase en su publicación de prensa con un enlace a su video de Youtube.com. Lo que está haciendo con esto es crear una variedad de vínculos de retorno a su video de Youtube.com.

6. **Presente su publicación de prensa para la distribución.** Luego de que su anuncio de prensa se encuentre esbozado y optimizado, preséntelo para ser distribuido.

7. **Cree enlaces adicionales al video.** Luego de que la nota de prensa salga al aire, lo más probable es que su video aparezca en la primera página de Google dentro de una semana. Para ayudar a incrementar aún más estas probabilidades, cree algunos enlaces de calidad adicionales al

video. Puede realizar enlaces al video en las redes sociales, en su blog, en su podcast, o en otros artículos o lugares de noticias. Mientras más enlaces de calidad tenga, mejor.

Consejo: esta táctica por sí sola puede generarle un tráfico masivo. Tener una doble clasificación en los motores de búsqueda aumentará drásticamente su tráfico en los mismos y de manera natural.

Asegúrese de registrar los resultados de sus videos. Por ejemplo, si tiene un video educativo sobre las cosas que hay que tener en cuenta a la hora de elegir un médico estético, añada un enlace, en el video, a una página de destino en específico que arme, como esta: tudominio.com/lipo. De esta manera podrá verificar el tráfico específico de esa página y así revisar cuanto tráfico, oportunidades o ventas generó ese video.

Cómo hacer PPC en Google, Bing, Facebook y LinkedIn

Publicidad en los motores de búsqueda

Una de las grandes ventajas de anunciarse en los motores de búsqueda es la inmediatez. Cuando alguien busca algo usando las palabras clave que ha seleccionado, su anuncio aparecerá inmediatamente. A diferencia de la publicidad tradicional en revistas de circulación general o en radio o televisión, sabe con certeza que esta persona tiene al menos algo de interés en su tema. Si hacemos un buen trabajo con el diseño del anuncio, podemos juntar muchos prospectos en nuestro sistema de mercado.

Hay dos clases de resultados que se muestran cuando alguien busca: búsquedas orgánicas o naturales y anuncios pagos. Tres de los anuncios usualmente aparecen en la parte de arriba de la página (típicamente con fondo gris) y otros seis u ocho van por el lado derecho. Las búsquedas orgánicas o naturales aparecen en el centro de la página. En la captura de pantalla de la siguiente página, los primeros tres resultados son anuncios, como lo son aquellos del lado derecho.

Hay algunas compensaciones si quiere que su website aparezca como un anuncio o como un resultado de búsqueda natural. Mientras haya una tendencia a que la gente haga clic con más frecuencia en un resultado de búsqueda natural, es muy difícil llegar a la primera página con muchas keywords. El proceso para lograr esto es llamado SEO (Optimización de Motor de Búsqueda). Para los propósitos de levantar una campaña de marketing y correrla rápido, sugiero se enfoque en PPC para que todo empiece a andar.

Los motores de búsqueda también toman en consideración el porcentaje de gente que da clic a un anuncio. Por ende, mientras su anuncio sea directamente relevante a las palabras que la gente coloque en el motor de búsqueda, mejor será su posición en la página. Podrá también terminar pagando menos dinero que alguien cuyo anuncio no se relacione tan bien en términos de búsqueda

Escogiendo Keywords con la ayuda de Google

Su primer paso para una campaña de búsqueda paga exitosa es seleccionar las keywords o frase keyword que quiere para anunciarse.

Cuando esté determinando su lista de keywords, el truco está en pensar como uno de sus consumidores. ¿Qué escribirían en la casilla de búsqueda si están buscando por su tipo de servicio o tratando de resolver un problema?

Google tiene una herramienta llamada Google keywords Planner que puede ser de gran ayuda cuando esté seleccionando keywords. Proveerá sugerencias adicionales para keywords y le dará a conocer cuán seguido se busca esa keywords en específico. También le dará una idea que cuán competitiva es y cuánto cuesta esa keywords por cada clic en Google.

Todos estos factores le ayudarán a decidir cuáles cuatro y ocho keywords usará para anunciarse. Nosotros recomendaríamos limitar su primera lista de keywords a un puñado y luego agregar adicionales a medida que pase el tiempo.

Para usar la herramienta de keywords, tiene que ir a los primeros pasos de crear una cuenta en Google AdWords. Hagamos eso ahora. Es fácil y solo toma un par de minutos, y no le costará nada.

Creando una cuenta en Google AdWords

Aquí está todo lo que necesita para crear su cuenta: vaya a Google.com/adwords y haga clic en "Empezar" en la parte alta de la página.

En la página siguiente, haga clic en "Empezar ahora".

Se le preguntará si quiere usar la cuenta de Google que ya tiene o si quiere crear una cuenta de Google nueva poniendo una dirección de email y contraseña. Google entonces mandará un email para verificar su cuenta. Haga clic en el link que trae el email; una nueva pantalla de explorador se abrirá felicitándolo y dejándolo dar clic a continuar.

La página que viene trata de ayudarlo a "crear su primera campaña". Felicidades. Está en la página donde podrá encontrar el Google Keyword Planner.

Usando el Google KeyWord Planner

En la parte de arriba de la página, seleccione la pestaña verde que dice "Herramientas y análisis", luego cuando el menú aparezca, haga clic en "Keyword Planner".

En la siguiente página, seleccione "buscar grupos de idea para keywords y anuncios.

El siguiente paso es enviar esta información haciendo clic en "obtener ideas".

Sus resultados se mostrarán en el medio de la siguiente página.

También hay dos pestañas arriba de esta sección "Grupo de ideas de anuncios", que está abierta por defecto, e "Ideas de Keyword", a la que necesita darle clic.

Para nuestros propósitos, lo único que necesita ver es la pestaña para ideas de keywords, así que haga clic ahí.

Luego de que Google le muestre los datos para las Keyword que se le ocurrieron, le dan sugerencias para Keyword adicionales basándose en lo que escribió en el Keyword Planner. Para las cinco Keyword de ejemplo que se nos ocurrieron, Google tiene 800 sugerencias. Algunas de estas, como "buenos resultados de Botox", no son útiles, pero son buenas ideas. "tratamientos para celulitis", por ejemplo, obtiene 14 400 clics por mes y solo cuesta 55 centavos por clic. Otros términos que aparecen incluyen "Rellenos faciales", "carboxiterapia"

Hay otras dos cosas dignas de notar: sus resultados incluirán variaciones en los términos que está buscando. Algunos son pequeños, pero importantes, como agregar la letra "s" a una palabra. Al agregar la versión plural de una palabra obtiene búsquedas adicionales y posibles clics adicionales. Agregar su locación a los términos de búsqueda le dará clics adicionales, algunas veces a menor precio. La clínica estética es invariablemente un negocio local o sea que estamos apuntando a un área geográfica específica, debemos incluir siempre el nombre de la localidad.

Escriba sus Keyword ahora. Esta lista será útil mientras escribe su anuncio. Continuemos con la configuración de la campaña de AdWords.

Construyendo su campaña en Google

Para continuar este proceso, solo vuelva a la barra verde en la parte de arriba de la página y seleccione la pestaña que dice "campañas" en el lado izquierdo.

Cuando cargue la nueva página, haga clic en "crear su primera campaña" y llegará a una página donde podrá seleccionar la configuración de su campaña.

Empiece nombrando su campaña (por defecto es "Campaña # 1). Ya que puede agregar más campañas en el futuro, esto ayuda a que se le ocurra algo para recordar qué campaña es. Podría usar una de las frases Keyword que se le ocurrieron previamente.

Donde dice "tipo" debajo de ese espacio, haga clic en la flecha que está al lado de "buscar y mostrar redes". Quiere cambiar eso a "solo buscar red".

Aquí el por qué: la red de búsqueda está hecha de sitios basados en Google. La red opera en una variedad de lugares fuera de los websites de búsqueda tradicional. El porcentaje de conversión de estos sitios usualmente no es muy bueno, así que le aconsejamos evitarlos hasta que lo haya convertido en un anunciador experto.

Necesitará escoger entre la "configuración estándar" de Google y "todas las características". La configuración estándar mantiene las cosas simples, pero le permite menos opciones. Un componente agradable de irse con todas las características es que, bajo "configuración avanzada" le permite seleccionar las horas del día que su anuncio corre, lo que se llama "horario del anuncio". Ya que nuestros pacientes prospecto seguramente no estén en la web a las 2:00 AM, no mostramos anuncios a esa hora. Pero su mejor apuesta, por ahora, es empezar con la configuración estándar hasta que esté más cómodo con Google AdWords.

Luego, donde dice "redes", quite la marca de la casilla bajo "redes de búsqueda Google" que dice "incluir socios de búsqueda". Una vez más, estos son sitios como Google Maps y Google Shopping donde sus anuncios no tendrán buena conversión, así que elimínelos por ahora.

Luego de esto, puede seleccionar las localidades donde su anuncio se muestra. Si hace clic en "déjame escoger", puede seleccionar ciudad, región o código postal.

Si pone un área local, Google ofrece un menú con un número de opciones para escoger. Para Miami - Florida, por ejemplo, puede escoger a la ciudad misma, el Condado Miami Dade y la región Broward County.

Su siguiente decisión es sobre cuánto quiere ofertar. La opción por defecto de Google es "AdWords pondrá las ofertas para ayudar a maximizar los clics dentro de mi presupuesto". Deje eso donde está en lugar de ponerse a escoger las ofertas a mano. Ellos hacen un buen trabajo y hasta que tenga más experiencia, deje que Google lo haga por usted.

La casilla que sigue es donde pondrá su presupuesto diario. Idealmente quiere gastar lo más que pueda, pero 10 dólares por día serán suficientes para empezar dependiendo de las keywords que esté usando. Una de las cosas hermosas de los anuncios de PPC (sin importar que estén en Google, Bing, o donde sea) es que usted controla completamente cuánto gastar. Puede ajustarlo en segundos.

Luego de eso, Google le ofrece la oportunidad de extender sus anuncios con su número de teléfono y localidad. Empecemos simple y saltemos esto. Solo dele clic a "guardar y continuar".

La página que viene después le permitirá ponerle nombre a su grupo de anuncios y escribir su anuncio.

Su grupo de anuncios y su puntuación de calidad

La configuración por defecto de Google para el nombre de su grupo de anuncios es "Grupo # 1". Remplace eso y nombre su grupo de anuncios con algo que refleje las Keyword que hay en él.

Tenga en mente que Google emite una puntuación de calidad para cada Keyword. Una de las cosas que Google mide para crear esta puntuación de calidad es cuán relevante es su Keyword para sus anuncios. Para su grupo de anuncios de su clínica estética, los anuncios deberían contener las palabras "clínica estética o cirugía plástica" para una buena puntuación de calidad.

Por esa razón, las Keyword sobre testamentos ("carboxiterapia" y "cool sculpting") deberían ser más efectivas en un segundo grupo de anuncios.

La razón por la que Google emite una puntuación de calidad es para que sus usuarios puedan encontrar con facilidad aquello específico que estén buscando. Aquí está cómo describen lo que quieren para su website: "Suponga que Samantha está buscando inyecciones de Botox. Y digamos que usted tiene un website que se especializa en Botox. ¿No sería genial si Sam escribiera "Inyecciones de Botox" en la búsqueda de Google, vea su anuncio sobre Botox, haga clic en el anuncio, y luego aterrice en su website donde pueda planificar una cita para su tratamiento?

El otro elemento que Google busca para su puntuación de calidad, además de la calidad de su *landing page*, es cuán exitoso es en hacer que las personas hagan clic en sus anuncios. Hay una estadística que se usa comúnmente en todos los programas de PPC llamado "clic a través del rango" (CTR). El CTR es el número de personas que hace clic en su anuncio dividida por el número de veces que su anuncio se mostró. Si su anuncio se muestra 100 veces y 5 personas hacen clic en él, su CTR sería de 5/100, o 5 %. Si su anuncio se muestra 1000 veces y 5 personas hacen clic en él, su CTR sería de 0,5 %.

Le mostraremos cómo escribir anuncios que logren un CTR fuerte en un solo momento.

Una puntuación de calidad alta significa que Google siente que seguramente su anuncio y website están dando a la gente lo que estén buscando cuando busquen usando las Keyword que ha seleccionado. Ellos recompensan eso con CPC más bajos por sus Keyword y mejores posiciones para sus anuncios. Estos beneficios que vale la pena tener y puedan llevarle más pacientes por más dinero.

Escribiendo su anuncio

Ahora es el momento de escribir su anuncio. Se sorprenderá de lo fácil que es.

Cada vez que planea anunciarse en Google o Bing, el formato de los anuncios es casi idéntico. Ambos le darán titulares de 25 caracteres. Obtendrá 70 caracteres de Google para el cuerpo de su anuncio y 71 para Bing. Google divide los 70 caracteres en mitades iguales de 35. (Bing le dará una línea y hará la división automáticamente). También recibirá 35 caracteres de cada compañía para la URL (dirección del website) que se muestra en el anuncio.

Es importante notar que los caracteres incluyan espacios y marcas mecanográficas.

Cuando escriba su anuncio, hay tres cosas que debe tener en cuenta:

1. **Incluya una de sus keywords en la línea del título.** La gente la encuentra porque buscaron por una keyword en particular. Se siente más cómodo haciendo clic en su titular cuando tiene una palabra que estaban buscando. También ayuda con su puntaje de calidad, como ya mencioné. Esto no es absolutamente necesario, pero puede reducir el costo.

2. **Enfóquese en los beneficios y olvídese de las características.** Tiene un total de 95 caracteres para convencer a la gente a hacer clic. Eso es dos tercios de un tweet. No tiene ni la oportunidad de mencionar una característica. La gente escogerá su anuncio si cree que su oferta gratis les va a dar algo que es importante para ellos. Por ejemplo, "cirujano estético" es una de las frases keyword más costosas con un promedio de 17 dólares por clic. Estas Clínicas no pueden darse el lujo de que sus anuncios no se conviertan así que hacen algo irresistible como "Averigüe cuánto puede costar su cirugía". Mientras más se apegue a la pregunta básica que está en la cabeza de su prospecto, más efectivo será su anuncio.

3. **Use título de propiedad.** El título de propiedad es simplemente letras mayúsculas al inicio de cada palabra. Su CTR subirá solo por usar esta técnica. Hace que su anuncio se vea como un titular, así que llama la atención del prospecto más que los anuncios que están en su mayoría en minúsculas.

Continuemos con el ejemplo del cirujano estético para que vea como Google AdWords funciona para una campaña entera. Digamos que nuestro Lead magnet (contenido de oferta gratis) es "7 secretos a la hora de elegir el cirujano idóneo". Nuestra clínica es "Clínica Vélez" y estamos establecidos en Miami, Florida.

Nuestro primer paso es escribir el titular de nuestro anuncio. El propósito del titular, inclusive este de 25 caracteres, es llamar la atención de la gente, por lo menos lo suficiente para que lean la siguiente línea. Queremos que nuestra frase keyword "cirugía estética" esté incluida en el titular. Eso ayudará a ambos, nuestra puntuación de calidad y nuestro CTR. Ya que "cirugía estética" y los espacios tomarán 21 caracteres, solo tenemos cuatro caracteres libres para trabajar. Luego usaremos la palabra "secretos" para llegar al límite.

"Secretos" es una palabra que seguramente motivará a la gente a leer la siguiente línea de su anuncio. Es un instinto humano preguntarse qué clase de secretos hay detrás de todo. Eso significa que nuestro titular es "Cirugía estética secretos"

Lo siguiente es el cuerpo del texto. En Google, tiene otros setenta caracteres: dos líneas de 35 caracteres cada una. (En Bing, tiene setenta y un caracteres que llenara en una sola línea, que Bing mostrará como dos líneas).

Mientras llena el formulario, Google (y Bing) le mostrarán cómo aparecerá su anuncio.

Para nuestro anuncio de cirugía estética en Miami, esto es lo que podríamos hacer: primero que todo, el cuerpo de nuestro anuncio tiene que incluir un beneficio. En este caso, tiene sentido usar, costos razonables o resultados Ideales. Después de todo, algunas personas se sentirán más atraídas a hacer clic para reducir los costos, mientras que otras estarán más interesadas en la calidad de sus resultados.

Que tal "Resultados superiores a costo razonable." (Recuerde que tiene que ponerle mayúscula a cada palabra). Esos son exactamente 33 caracteres y espacios, incluyendo el punto. Eso pone ambos beneficios con facilidad. Su titular para el anuncio en la parte de arriba de la página ahora será: "Cirugía Estética Secretos – Resultados Superiores a Costo Razonable"

En este punto, tenemos 35 caracteres sobrantes en Google (y 36 caracteres sobrantes en Bing) para decirle a los lectores qué van a obtener y qué van a tener que hacer para obtenerlo. Necesitamos las palabras "Reporte gratis" y "Haz clic ahora". Idealmente diríamos "Hay Informes Gratis Para Ti. ¡Haz Clic Ahora!" pero esos son más de 40 caracteres. Simplemente no tenemos espacio. Eliminemos ciertas palabras. "Hay" y "Haz" son elecciones sencillas porque no cambian el significado, ahora "Para Ti" es una gran pérdida, ya que hay estudios que muestran que incrementa el CTR. Pero no puedes tener todo. Así que cambiaremos "Hay", "Haz", y "Para Ti", por "Tenemos".

Eso nos deja con "Tenemos Informes Gratis ¡Clic Ahora!"

Todo lo que queda por hacer para completar el anuncio es colocar su "URL de Muestra" y su "Destino Real". La URL de muestra es la que aparece en el anuncio y el destino real es donde la gente va a ser enviada. Así es como se verá nuestro anuncio cuando cobre vida en la parte derecha de Google (o Bing):

<u>SECRETOS Cirugía Estética</u>

www.esteticamarketing.com

RESULTADOS SUPERIORES A PRECIOS RAZONABLES

TENEMOS INFORMES GRATIS ¡CLIC AHORA!

Otras observaciones

Todo se resume a cantidad versus calidad. Le gustaría tener cien personas entrando a su sitio, pero si solo 10 de ellos son pacientes, está gastando dinero. Cuando un alto porcentaje de la gente toma acción, eso es un gran anuncio. Además, refuerza el hecho de que el website al que está llevando gente, tiene una excelente oferta.

Otra estrategia que hemos usado es crear un anuncio con una keyword muy amplia, que apunto hacia una audiencia muy específica con las palabras del anuncio, como esto:

<u>¿NECESITAS MÁS PACIENTES?</u>

www.esteticamarketing.com

EXCLUSIVO PARA Cirujanos Plásticos de Primer Nivel

APRENDE MÁS

La frase "exclusivo para Cirujanos Plásticos de Primer Nivel" mantiene a raya a cualquiera que no sea un partido apropiado. Si no definiéramos nuestro target, seguramente perderíamos mucho dinero atrayendo a visitantes que nunca se convertirían en nuestros clientes.

Agregando sus Keywords

El siguiente paso es agregar sus keywords.

Baje un poco la página donde Google le enseña su anuncio muestra y verá "Seleccionar keywords" con una casilla y un signo de suma. Haga clic en el signo de suma y Google mostrará algunos consejos de keyword. Muévase hacia abajo en la página y verá una casilla en la parte izquierda que dice, "Agregue sus keywords aquí".

Solo coloque sus frases keyword, una por línea. Para la mayoría de las personas, eso es todo lo que necesita hacer.

Si quiere ser un poco más elegante, Google (y Bing) tienen diferentes formas para que aliste sus keywords, lo que afecta a quien vea sus anuncios.

Déjenos explicarle. Para que sea fácil de entender, digamos que quiere anunciar el término "Aumento de Mamas".

Solo escribir esas palabras juntas, solas, le dará "resultados generales", donde Google le mostrará anuncios para las búsquedas de Aumento de Mamas o quizás operación de Senos.

Si escribe +Aumento +Mamas sus anuncios solo mostrarán personas que sus búsquedas tenga las palabras "aumento" y "mamas" en ellas. No obtendrá gente que tenga su búsqueda como "operación de senos". Sus anuncios, sin embargo, mostrarán gente con búsquedas de "aumento de mis mamas". Google llama a este tipo de resultados "modificador de resultados generales".

Si quiere que su búsqueda muestre gente que incluya su frase exacta, necesita escribir "aumento de mamas" con las comillas en su lista de keywords. Su anuncio llegará a gente que busque "doctores para aumento de mamas", pero no a los que busquen "aumento doble de mis mamas". A esto se le refiere como "resultado de frase".

Finalmente, si por alguna razón quiere que su anuncio se muestre a las personas con "resultados exactos", especialmente para "Aumento de Mamas" sin ninguna modificación, ponga las palabras en corchetes; así: [Aumento de Mamas].

Hay quienes dicen que puede obtener un CTR más alto agregando estos resultados a su lista de keywords. Por ahora, yo lo mantendría simple.

Una vez que ponga sus keywords, seleccione cualquiera de las dos, "Guardar y continuar a facturación" o "Configurar y facturar luego". Si escoge la última, eventualmente querrá hacer clic en "Facturar" en la parte de arriba de la página y luego a "Preferencias de facturación" para configurar sus pagos con tarjeta de crédito.

Su campaña estará configurada y lista para salir de cualquier forma. No saldrá al aire hasta que Google tenga la información de su tarjeta de crédito.

Ajustando su campaña en Google

Lo siguiente que podrá ver son las keywords en su grupo de anuncios en forma de un gráfico con información sobre cada una de sus keywords, incluyendo:

- Cuantos clics está teniendo.

- El número de impresiones que ha recibido su anuncio, lo que significa cuántas veces se ha mostrado.

- El CTR, lo que le permite saber el porcentaje de clics en el anuncio.

- La posición promedio en la que ha estado cuando se muestra en las búsquedas.

- El costo-por-clic promedio (CPC).

En este punto los números que se mostrarán serán ceros, ya que sus anuncios no han salido todavía. Después que su campaña corra por dos días, querrá revisar para ver los resultados para poder hacer cambios o para felicitarlo por haber hecho un excelente trabajo. (Para volver a la página, inicie sesión en su cuenta de AdWords, y haga clic en "Campañas". En la nueva página, haga clic en el nombre de su campaña y luego en su grupo de anuncios).

Hay tres botones que le permitirán hacer ajustes a su campaña.

1. **Editar:** esta casilla le permitirá pausar su keyword, o editar diferentes aspectos de ella. Tiene que hacer clic en la casilla al lado de la keyword para permitir que esta función trabaje. Si ha escogido la oferta automática, no podrá editar la oferta aquí. Tendrá que cambiar la configuración manual entrando en "Configuración" una pulgada más debajo de la página y luego haciendo clic en "Editar configuración". Esto, sin embargo, encenderá la oferta manual para todas las keywords en su grupo de anuncios.

2. **Detalles:** este botón le permite correr un "Análisis de subasta" de cómo va con sus keywords comparado con todos los demás que anuncian esa frase keyword. También le dejará realizar un "Diagnóstico de keyword" para probar si su anuncio de verdad se está mostrando cuando alguien busca esa keyword. Si no, este diagnóstico le dirá por qué.

3. **Automatizar:** este menú le dejará crear reglas automáticas para cambiar como funciona su oferta automática. Le dará una lista de sugerencias como "Cambiar el máximo por defecto del grupo de anuncios cuando..." o "Pausar el grupo cuando...". La página que se muestra tiene varias opciones en un menú para crear una variedad de escenarios de "si/ entonces". Hay tantas posibilidades que necesitará jugar con ellas usted mismo. Solo dele clic a la flecha hacia abajo para ver que opciones se pueden cambiar.

Si decide agregar algunas keywords nuevas, haga clic en el botón verde sobre el gráfico que tiene la información de sus keywords. Verá una casilla blanca como la que llenó inicialmente. A la derecha de las sugerencias de keyword que Google genera de las keywords que está usando en ese momento. Escriba su keyword adicional, una por línea, haga clic en "Guardar", y estará listo.

Esta es su introducción a Google AdWords. Recuerde que puede hacer que uno de sus empleados lo guie gratis a través de su primera campaña llamando al número que le den.

Bing, otra alternativa diferente a Google

Bing es una alternativa interesante a Google. Hay un par de buenas razones para intentarlo:

1. Puede que consiga sus keywords a menos CPC.

2. Si quiere maximizar el tráfico en una keyword en particular, la Yahoo Bing Network puede darle prospectos adicionales.

Empezando con Bing

Vaya a Bing.com y al fondo de la página, haga clic en la palabra "Anunciar". Asegúrese que está usando Internet Explorer o Mozilla porque, en el momento que escribamos eso, su programa de PPC no funcionará bien con otros exploradores.

En la siguiente página, al lado derecho, haga clic en la casilla que dice "Inscribirse ahora". Llene el formulario y envíelo. Ahora tiene una cuenta de anunciante en Yahoo Bing Network.

Al fondo de la página que viene luego, en texto pequeño, verá "Para empezar, importe sus campañas de Google AdWords o cree una campaña". Haga clic en "Crear una campaña".

Entrará en el formulario que configura sus anuncios en Bing.

Mucho de esto se parece a Google. Empiece nombrando su campaña y seleccionando su uso horario.

Luego de eso, Bing le pedirá su presupuesto. Con la diferencia de que aquí tiene la opción de escoger entre presupuesto diario y mensual.

Debajo de la casilla de presupuesto hay una línea que dice "Opciones de presupuesto diario" con una pequeña flecha. Si lo deja quieto, sus anuncios aparecerán de igual manera durante el día. Si quiere que aparezca tan frecuente como sea posible hasta que se gaste todo su dinero, haga clic en la flecha y seleccione esa opción.

Tiene que seleccionar "Spanish" a menos que escoja de otra forma, y pueda seleccionar las localidades donde sus anuncios aparezcan, así como hizo en Google.

Ahora estará listo para escribir sus keywords.

Agregando sus Keywords

Esto es un poco diferente en Bing de lo que es en Google.

Solo escriba la lista que hizo antes en la casilla grande de la parte inferior izquierda (una frase keyword por línea), luego dele clic al botón que dice "Agregar" debajo de la casilla.

Tan pronto toque el botón, verá que el campo de la derecha está poblado bajo los siguientes temas: keyword, Tipo y Oferta (USD).

Sus keywords estarán debajo de "keyword". "Tipo" se refiere a los tipos de resultado que hablamos arriba con Google, "resultado general", "resultado de frase", etc.

"Oferta (USD)" tiene dos pedazos de información debajo. La primera es una pequeña dada con una cantidad de dólares, normalmente 0,05 centavos, o no hay ninguna casilla y solo "----". El segundo ítem es una casilla con una flecha al lado donde, como configuración por defecto, podría decir "Oferta de grupo de anuncio" u "Oferta de primera página".

Hablemos de los tipos primero.

Tipos de resultado

Si hace clic en la casilla debajo de "Tipo" en cualquier keyword, aparecerá un menú con las palabras "General", "Frase", "Exacto" y "Contenido".

Puede escoger una o más de estas. Un resultado de "Contenido", que no es una opción de resultado en Google, significa que su anuncio saldrá en el contenido de la red de Bing. Como dije con Google, le recomiendo ignorar esta opción.

Un resultado general es su mejor opción por ahora. Puede experimentar cambiando esta opción más tarde si descubre que su CTR es menos de lo que quiere que sea. Por cierto, un CTR de 0,05 % significa que está en buen camino. Si su CTR es menor que esa marca, significa que quizás debería cambiar algo.

Ofertar

Hay cinco términos que necesitará entender para poder ofertar en las keywords de Yahoo Bing Network. Algunos de estos son obvios:

- **Mejor posición:** este es el primer anuncio que se verá en la parte de arriba de la pantalla.

- **Posición principal:** estos son los anuncios que aparecen encima de los resultados orgánicos, pero debajo del primer anuncio de arriba.

- **Primera página:** cualquier posición de la primera página, pero la oferta sugerida podría colocar su anuncio en la barra lateral, en lugar de la posición principal.

- **Grupo de anuncios:** los grupos de anuncios son creados de manera un poco diferente en Bing que en Google. Aquí puede seleccionar "grupo de anuncios" del menú. Todas las palabras con "grupo de anuncios" que estén seleccionadas usarán la misma oferta. Si quiere cambiar su oferta, puede hacerlo para todo el grupo al mismo tiempo.

- **Valor personalizado:** el valor personalizado le permite anular su oferta en el grupo de anuncios para cualquier keyword que escoja manejar de manera separada.

Ahora solo decida cuanto quiere gastar por clic y colóquelo en la casilla que dice "Ofertar". Los números del menú de la derecha le darán la oferta que ganó para cada categoría durante el mes previo.

Decidiendo cuanto ofertar

Ahora que tiene una idea de cuáles fueron las ofertas más grandes del mes pasado para cada posición, necesitará decidir cuánto va a ofertar.

Ambos, Bing y Google, trabajan como eBay; nunca podrá pagar más de lo que oferte y en muchos casos, la cantidad de dinero real que le carguen será menor. En otras palabras, si ofertó 2.00 dólares por clic para obtener la mejor posición, podría terminar gastando solo 1.50 dólares por clic. Todo depende de lo que los otros ofertantes hagan, esto cambia mes a mes.

Con eso en mente, solo oferte la cantidad indicada para la posición que quiera. Como mencionamos anteriormente, la mejor posición y la posición principal comparten la mayoría de los clics. Si es posible, oferte lo que más lo acerque a la parte superior de la página.

Una vez que haya decidido las cantidades, llénelas, toque "Enviar", y su campaña estará lista para salir.

como en Google, su campaña no empezará hasta que haga clic en "Cuentas y Facturación" y le dé a Bing su información de tarjeta de crédito.

Envíe eso y su campaña estará lista y andando.

Ajustando su campaña en Bing

Así como en Google, después de que su campaña corra por dos días, querrá revisar los resultados.

Cuando inicie sesión, haga clic en el nombre de su campaña. Cuando aparezca la siguiente página, haga clic en el nombre de su grupo de anuncios. Obtendrá el mismo gráfico que describimos en Google.

La gente usualmente hace ajustes cuando sus anuncios no están alcanzando la posición más alta o cualquier posición a la que estaban apuntando. Si quiere cambiar su oferta, solo sombree el monto de la oferta y haga clic. Tendrá su casilla vacía donde poner el nuevo monto en dólares.También podrá pausar keywords que no estén funcionando haciendo clic en el estatus y seleccionando "Pausar" en el menú.

Si decide que quiere probar nuevas keywords, vaya a la parte de arriba de la página y haga clic en "Campañas". Luego haga clic en el nombre de su campaña y su nombre de grupo de anuncios. En una barra gris por encima del gráfico estará la frase, "Agregar keywords". Esto lo llevará al punto donde entró originalmente sus keywords. Siga las instrucciones arriba de nuevo para que pueda hacer ofertas apropiadas.

Anunciándose en Facebook

En junio de 2013, Facebook se hizo hogar de más de un millón de anunciantes por primera vez. Es una clara indicación de que hacer publicidad en Facebook se ha vuelto extremadamente popular. Como mencionamos anteriormente, Facebook es un lugar particularmente bueno para anunciar, nosotros diríamos que el número uno.

Una característica única que Facebook incluye son las recomendaciones para su anuncio, en forma de "likes", de amigos personales de la gente que ve el anuncio. Por ejemplo, "A Juan Martínez le gusta esto" aparecerá sobre el anuncio en el que Juan hizo clic en el botón de "like". Esta aprobación solo aparecerá cuando los amigos de Juan estén viendo el anuncio, pero es una característica buena y puede incrementar la respuesta.

Facebook también tiene algunas opciones interesantes en términos de dejarlo escoger el target que ve el anuncio. De lo cual hablaremos en un momento.

Para empezar, haga clic en "Crear Advert". Si tiene una página de Facebook, esto aparecerá en la parte superior derecha de su página principal, al lado de la palabra "Patrocinado", justo encima de donde aparecen los anuncios. Si no tiene una página de Facebook, vaya a Facebook.com y encontrará el mismo link al fondo de su página de inscripción.

Una vez que haga clic, le preguntará, "¿Qué quiere anunciar?" Aunque Facebook ofrece opciones que incluyen su página de fans de

Facebook o aplicaciones en la tienda de iTunes o Google Play, para nuestro propósito, solo llevará la dirección web de su informe gratis.

Una vez que escriba su URL en el espacio en blanco, Facebook tratará de crearle un anuncio usando texto y una imagen de su sitio web. Aunque es divertido de lo que hacen, lo mejor es que cree su propio anuncio, que será similar al anuncio que desarrollamos para Google.

Facebook da 95 caracteres en el cuerpo del texto, que son 25 más comparados con Google. (El titular tiene los mismos 25 caracteres). Será simple hacer su anuncio un poco más grande. Por ejemplo, para cambiar nuestro anuncio de Planificación Estatal en Google a un anuncio de Facebook, solo tenemos que incluir las palabras que dejamos atrás anteriormente.

Con los anuncios de Facebook, el texto es más pequeño que en Google o Bing porque también hay una imagen al lado del anuncio. Al usar las palabras en mayúscula en todo el anuncio hace que sea más difícil de leer. Es mejor escribir oraciones normales para la mayoría del texto. Guarde las mayúsculas solo para palabras que quieras enfatizar.

Luego de que escriba el texto de su anuncio, necesitará cargar la imagen de color que estará a su lado. Use una imagen que incluya a un ser humano en lugar de un logo de compañía. La gente hace clic más veces cuando hay una persona en la foto. Amigos que han probado una variedad de imágenes me dicen que las imágenes con mujeres superan a las que tienen hombres.

Al lado de las palabras "páginas relacionadas" y debajo del área de carga de imagen, hay un pequeño cuadro que dice, "mostrar actividad social al lado de mi campaign". Activar esta casilla, permitirá a Facebook mostrar a la gente que le gusta (like) su website a sus amigos de Facebook.

Si baja un poco, Facebook le mostrará cómo se verá su anuncio al terminarlo.

Escogiendo a su audiencia

Continúe bajando en la página y podrá escoger la demografía de su audiencia, incluyendo localidad, grupo de edades y género. Ahora, verá un espacio en blanco al lado de las palabras "Intereses precisos". Aquí es donde Facebook tiene unas características extras, como finanzas o gente que es fan de compañías como Allergan o individuos como Doctor OZ. Solo escriba el nombre o término que quiere usar en la casilla blanca y Facebook creará un menú con páginas o temas que podrá seleccionar. Una vez que escoja a cuáles fans le gustaría anunciarse, Facebook creará sugerencias adicionales basándose en lo que escribió. Esto le dará una manera completamente diferente para pensar en sus pacientes prospecto. Pregúntese, que estarán leyendo, en que temas estarán interesados y cuales otros expertos de este nicho podrían estar siguiendo.

Debajo de esa casilla, está una para las categorías generales de Facebook de donde escogerá una para su anuncio. Escoja uno de los ítems a la izquierda de la pantalla y Facebook le dará una lista de subcategorías del lado derecho. Haga clic en "Actividades" y verá ítems como "Medicina Estética" o "Anti Envejecimiento". Haciendo clic en el demográfico obtendrá un rango de ítems". Cada ítem del menú del lado izquierdo abre diferentes categorías en la derecha, así que tómese su tiempo en revisar e identificar los grupos en los cuales anunciarse.

Si hace clic en "Ver Opciones Avanzadas de Target", podrá revisar a la gente por su estatus marital, educación, e inclusive compañías para las que han trabajado.

Su siguiente paso es crear el presupuesto de su campaña. Podrá escoger entre presupuesto diario, digamos 10 dolares por día, o un presupuesto de por vida donde seleccione la cantidad de dinero que quiera gastar. Facebook manejará su anuncio hasta que el dinero se haya gastado. Haga clic en las flechas al lado del método que prefiera.

Una vez listo, puede escoger si empezar su campaña inmediatamente, que es la opción por defecto, o programarla para que comience y termine en alguna fecha determinada.

Ahora habrá un link para hacerle seguimiento a la conversión. Esta es una característica útil, si decide no hacerlo hoy, es bueno que lo haga en el futuro inmediato. Cuando haga clic en el link, haga una copia del URL que aparece y envíelo a la persona que hizo que su website tuviera vida. Pídale que agreguen el código a su website. Le permitirá hacer seguimiento a lo que la gente hace una vez que haga clic y vaya a su website. Esta es una buena información para tener, especialmente si quiere expandir sus esfuerzos de marketing.

Ofertando en Facebook

Muy parecido a la opción de PPC. Asegúrese de llenar el círculo marcado como "Optimizar para clics". Para Facebook, en lugar de dejar que optimicen las ofertas para usted, sugerimos que haga cada oferta manualmente. Llene el círculo que le permita hacerlo también.

Su última tarea en esta página es escoger cuánto ofertar. Le recomendamos empezar ofertando 5 dólares por día mínimo que Facebook recomienda, el cual este listado en un pequeño cuadro debajo de la casilla donde debe colocar su oferta y también en la parte superior derecha justo arriba de las secciones de Campaña, Costos y Horarios.

Luego solo presione el botón que dice "Revisar advert". Ya que esta anunciando un website, Facebook quiere que confirme que "No quiere llevar su anuncio al News Feed". Haga clic en esa frase cuando la casilla aparezca. Luego haga clic de nuevo en el botón de "Revisar advert". Una vez que le dé a Facebook su información de facturación, su campaña se activará.

Anunciándose en LinkedIn

LinkedIn es un sitio de social media que apunta principalmente a profesionales. Le permite apuntar su anuncio a gente basándose en el tipo de trabajo que tienen, su industria, la compañía específica para la que trabajan, qué leen y otros criterios orientados en negocios. Puede también apuntar a prospectos por cuales grupos de LinkedIn siguen o pertenecen. Ya que es un sitio más B2B, las keywords tienden a ser más costosas, hasta 2 dólares mínimos por clic.

Para anunciarse, vaya a LinkedIn.com, haga clic en la palabra "Anunciar" al fondo de la página, luego haga clic en el botón de "Empezar Ahora" en la página que sigue. Si no es miembro de LinkedIn, tendrá que unirse y hacer un perfil primero.

La página que sigue luego que le dé al botón "Empezar Ahora" será similar a las páginas de configuración de anuncios de Google y Bing. Empiece por ponerle nombre a su campaña, luego escriba su anuncio.

Hay algunas diferencias que no valen nada contra los sitios que hemos cubierto hasta ahora:

1. Tiene 75 caracteres en el cuerpo de su texto, así que tiene 5 más que Google para poder usar (El titular tiene sus 25 caracteres estándar).

2. Similar a Facebook, puede agregar una imagen con color a su anuncio. Solo haga clic en la casilla que dice "Imagen" para cargarla.

3. LinkedIn mueve sus anuncios en diferentes configuraciones, dependiendo de dónde aparezca en la página. Puede hacer una vista previa de cómo se verá su anuncio como si estuviera en sus versiones "Cuadrado", "Alto" y "Largo" haciendo clic en el panel de vista previa.

Cuando escriba sus anuncios, use mayúsculas, ya que el texto es más grande de que lo es en Facebook. Luego cargue sus imágenes y haga clic en "Siguiente Paso". Llegará a la página de selección de target de LinkedIn.

LinkedIn le dará un rango amplio de opciones para escoger su target profesional de los que son miembros de la red social. Puede escoger por localidad, compañía, título de trabajo, escuela, habilidad y membresía en varios grupos de LinkedIn. Puede también seleccionar basándose en género y edad.

El menú de target de LinkedIn es intuitivo y fácil de trabajar, así que se la llevará fácil explorando las opciones. Solo haga clic en los signos de suma en cualquier categoría y menús de subcategorías se abrirán.

Aquí hay algunas cosas que valen la pena mencionar para sus opciones de target:

- Puede seleccionar compañías por nombre o por categoría. Eso significa que su anuncio se mostrará a la gente que es empleada de esas organizaciones. Si está escogiendo por nombre, solo escriba las primeras letras y LinkedIn le dará una lista de opciones. Si quiere anunciarse en compañías, puede escoger una gran categoría como bienes de consumo, o puede escoger una categoría más específica seleccionando cosméticos o bienes deportivos. También puede escoger por tamaño, dejándose seleccionar cualquier cosa desde compañías de una persona a organizaciones con 10 000 o más empleados.

- Puede seleccionar quién verá su anuncio por función de trabajo. Con esta opción, escoja una categoría como medicina o marketing y luego escoja quien verá su anuncio por sus niveles de antigüedad, como solo mostrar su anuncio a directores o VP.

- Las habilidades trabajan de la misma manera que los títulos de trabajo. Su anuncio se mostrará a las personas que tengan las habilidades que usted seleccionó. Escriba las primeras letras y obtendrá un menú para escoger. Seleccione algo como "médico estético" y tendrá sugerencias relevantes como "cirujano plástico".

- Puede seleccionar los miembros de grupos. Escriba las primeras letras y tendrá una lista de dónde escoger. Escoja un grupo y se le darán otros para seleccionar de una lista de habilidades que los miembros del grupo podrían tener como una manera adicional de seleccionar gente.

- Alternativamente, puede hacer una lista de grupos a los que se les podría anunciar haciendo una búsqueda en cualquier página de LinkedIn y escribiendo una palabra que sea parte del nombre de un grupo, como "consultores". Luego de hacer clic en el símbolo de búsqueda, haga clic en la palabra "Grupos" en la parte izquierda de la pantalla y podría compilar una lista de grupos de consultores para anunciarse. Esta lista será más comprensiva que una que pueda obtener usando la página de targets.

Luego que haya tomado sus decisiones, quite la marca de la casilla que habla sobre la Red de Audiencia de LinkedIn. Similar a lo que hemos recomendado sobre anunciarse en Google, estas redes extendidas usualmente no convierten muy bien.

Haga clic en el botón de "Siguiente Paso" y estará en la página de ofertas de LinkedIn.

Ofertando en LinkedIn

Ofertar en LinkedIn es similar a ofertar en Facebook. Le ofrecen a escoger entre el estilo de pago PPC o pagar por 1000 impresiones. Debería escoger PPC.

LinkedIn sugiere un rango de oferta para la lista de personas que haya escogido. Comience ofertando 10 o 20 centavos debajo de la sugerencia más baja de LinkedIn. (Siempre puede aumentar su oferta luego). LinkedIn tiene un requerimiento mínimo de oferta de 2.00 dólares por clic, así que no puede ofertar menos que eso.

Luego viene su presupuesto diario. Llene eso con la cantidad que esté dispuesto a gastar por día.

Finalmente, puede escoger si mostrar sus anuncios continuamente o que tengan una fecha final junto con su campaña. Es mejor que deje que su campaña corra continuamente. Asegúrese de que su presupuesto diario es algo que pueda pagar como un gasto continuo.

Cuando haga clic en "Siguiente paso", es momento de proveer su información de pago. Una vez que haya hecho eso, su campaña de LinkedIn comenzará.

CAPÍTULO 12

Aplicaciones web: ¿cómo hacer que su clínica crezca a través de Apps?

En el transcurso de los últimos dos años, el desarrollo de diferentes apps se ha incrementado en una tasa impresionante. En lugar de solo hablar de las apps tradicionales en su marketing, vamos también a enfocarnos en desarrollar una aplicación para ser usada como generador de *leads*. Esta aplicación puede ser vendida u ofrecida de manera gratuita.

¿Qué son las Apps web?

Una App (abreviación de aplicación) es una pieza de *software* que puede encontrar en su computador, en su teléfono celular o a través de la Web. Originalmente, todos los programas de *software* eran llamados aplicaciones. Pero recientemente, el término App ha pasado a ser usado específicamente para los pequeños programas que encontramos en los iphones, Androids y ahora en otros Smartphones. Generalmente, estos le permiten realizar una acción y hacer en gran parte que su vida sea un poco más sencilla, relajándolo, en algunos casos, en su día a día con las apps de juegos.

Uso de las Apps móviles en su marketing digital

Antes de que nos sumerjamos y nos enfoquemos en hacer que se desarrollen apps para su clínica, debería considerar utilizar las apps en su marketing digital para así obtener mejores resultados. Su teléfono la mayor parte del tiempo, lo lleva con usted, entonces podría sacarle provecho a esta situación y convertir su dispositivo en un aparato más productivo. Hay muchas ocasiones en las que yo estoy dictando una conferencia y uso mi teléfono para dirigir mis Prácticas Médicas. Tener un puñado de apps en mi dispositivo móvil me ha ayudado enormemente en este proceso.

Aquí hay algunas de las cosas que puede lograr:

- Incrementar la calidad de las relaciones entre usted y sus prospectos/pacientes.

- Asistir en la experiencia que reciban sus prospectos/pacientes.

- Hacer la comunicación más sencilla y más rápida.

- Ayudar con el factor diversión de su marketing.

Las Apps pueden ser usadas prácticamente en cualquier lugar. Una de nuestras cosas favoritas para hacer con los dispositivos móviles es trasmitir en vivo. Esto lo podemos hacer gracias a que la mayoría de estos dispositivos tienen Apps que le permitirán hacer esto. Realmente, nos gusta la App de Google Hangouts y hemos visto sus alzas en popularidad, aun, cuando nosotros enfocamos nuestros esfuerzos de marketing en Facebook Live.

Aquí hay una pequeña lista de algunas de las Apps misceláneas que usamos de forma regular para mejorar nuestro marketing y aumentar nuestra productividad:

- *Google Drive*: tenemos todos nuestros documentos en Google y esta app hace que administrarlos sea más fácil.

- *Evernote*: aquí es donde almacenamos cada pensamiento, sitio web y clip. También la usamos para grabaciones de audio cuando estamos en el carro.

- *Trello*: mantenerse organizado y enfocado en las tareas es crítico, y esta App hace Slack, también lo usamos para el trabao colaborativo del equipo de marketing.

- *Gotomeeting*: si alguna vez necesita organizar una reunión repentina, esta es su herramienta ideal.

- *Hootsuite*: nuestras mejores ideas tienden a venir cuando estamos "por allí" y nos gusta mantenernos al día con nuestros marketing de redes sociales. *Hootsuite* siempre ha sido una herramienta genial para agilizar nuestras redes sociales. Aunque debes averiguarte por red social si penaliza o no los algoritmos de cada una

- *Instagram*: esta es la herramienta con fotos para sus propósitos de marketing en las redes sociales. Especial # indica para nuestro gremio estético y de belleza.

- *Wordpress*: esta App nos permite administrar nuestros diversos sitios de manera remota.

- *Analytics*: nos encanta ver nuestras estadísticas y analíticas en el camino; con esto podemos ver el comportamiento de las diversas campañas que tenemos en la red.

Hay Apps que utilizamos de manera regular, por supuesto, estas que acabamos de mencionar son las principales que les recomendamos que usen para empezar. Desde un punto de vista productivo, es normalmente más fácil y rápido hacer las cosas desde un computador físico, que de otra manera. Pero si está en el camino y desea capturar algo "en el momento", entonces ¡sáquele provecho a su dispositivo móvil que "carga encima"!

Creación de su propia App móvil

Hace unos pocos años, tener una App puede haber parecido un lujo; solo las marcas más grandes que tenían billeteras enormes podrían haber pagado eso para que se las crearan de forma personalizada. En el presente, con muchos más desarrolladores disponibles, el precio de las Apps han bajado enormemente. También han emergido servicios que le permiten crear aplicaciones básicas por tan solo 20 dólares al mes y pueden estar listas en cuestión de horas en comparación con las que en algún momento tomaban meses.

Antes de que se sumerja en el mundo de la producción de apps, insisto en que piense en su objetivo final. ¿Cuál es el objetivo de que le diseñen una aplicación? Puede usar las apps como generadores de *leads*, centros de ganancias, herramientas de servicio al cliente o incluso para regalos hacia sus prospectos y pacientes. Tiene sentido que haga varias sesiones de lluvia de ideas con su equipo para que se les ocurran algunas alternativas y geniales opciones viables.

La fórmula secreta al desarrollar una app es que esta "tenga piernas", es decir, crear algo que haga que a sus usuarios les cueste vivir sin ella. Mis ejemplos favoritos son sobre cosas que le ayuden a ahorrar tiempo, que le genere dinero, y/o que mejoren sus vidas. Por ejemplo, la app de linterna, la app de calendario de marketing, la app calculadora de propinas y la app de citas inspiradoras son aplicaciones que los usuarios ya están integrando a su vida cotidiana. Si usted crea algo tan popular como eso, entonces habrá ganado y mucho.

La manera en que abordo el desarrollo de aplicaciones es la siguiente:

4) Tengamos una sesión estratégica durante unos 50 minutos en la que simplemente lancemos ideas. (Ninguna idea es mala).

5) Pensemos en apps que podríamos usar (o que nos gustaría usar).

6) Verifiquemos para ver si ya existe algo similar.

7) Si no encontramos nada extremadamente parecido, generemos la app.

Y eso es todo. Ese es nuestro proceso para decidir con qué aplicaciones nos vamos a embarcar.

Ejercicio: cómo puede crear sus propias apps.

Para crear sus propias apps, siga los siguientes pasos:

1) **Piense en ello.** Determine qué es lo que quiere que haga su app, en términos de funcionalidad. Luego desarrolle un mapa mental y/o el campo de aplicación. Esto a la larga le ahorrará mucho dinero. Si se compromete con alguien para producir esto con un cheque en blanco, su inversión se irá por las nubes.

2) **Decida si desea regalar la app o venderla.** Esto le permitirá decidir si debería tener una cantidad decente de publicidad en la app o si desea mantenerla relativamente limpia.

3) **Contrate a un desarrollador experto para construir la app o use cualquiera de los servicios para lanzar una app rápidamente.** Aquí es donde las cosas empezarán a tomar forma; dependiendo de la elección que tome. Si está buscando algo básico que no vaya a requerir mucha programación, le recomiendo altamente que use alguno de los servicios que le mencionaré más abajo, para que pueda hacerlo y ponerlo en funcionamiento rápidamente. Generalmente esta es la mejor opción, solo si usted está empezando y le gustaría tener algo en línea rápidamente. Lo otro que deberá recordar es que realmente no necesita habilidades de programación para hacerlo, ya que la mayoría de las acciones son simplemente arrastrar y soltar. Aquí hay una variedad de sitios desde los que pueda lanzar su app de manera rápida y fácil:

- *www.como.com*

- *www.mobilerodie.com*

- *www.theappbuilder.com*

- *www.appypie.com*

Por otro lado, si usted busca crear algo completamente nuevo e innovador, va a tener que contratar un desarrollador que lo ayude a transformar su visión en acción. Échele un vistazo a *www.upwork. com*, *www.Guru.com, www.rentacoder.com.* Allí encontrará una gran variedad de desarrolladores. Mi recomendación es que lea de nuevo el paso 1). Debe tener un desenlace claro y bien definido, fecha de lanzamiento, fecha de metas y mucho más para que el proceso (y la inversión) no se le vaya por las nubes. He visto esto pasar prácticamente todo el tiempo. En el calor del momento la gente empieza a agregar más y más características, haciendo crecer de manera exponencial la inversión y el factor tiempo.

4) **Configure la página atrapa-*leads* para vender o regalar la aplicación.** Este paso, aplica más para aquellas aplicaciones de regalo o gratuitas. Si va a regalar algo, tiene derecho a exigir algo a cambio. En este caso, pídales la siguiente información:

- **Nombre.**

- **Dirección de correo electrónico**

- **Número de teléfono celular** (recuerde, quiere el del teléfono celular, no teléfono fijo).

- **Sitio web** (si aplica).

5) **Redirija el tráfico hacia su página.** Recuerde aprovechar las tácticas que está aprendiendo en este libro para redirigir el tráfico directo a su aplicación. Si está manejando mucho tráfico en su página, pero aún está viendo resultados mínimos, échele otro vistazo a la aplicación que fue desarrollada. ¿Es útil para el mercado estético? ¿Tiene un factor viral involucrado? No solo se centre en desarrollar aplicaciones para regalar, simplemente, por el hecho de desarrollar aplicaciones. Si ellas tienen una utilidad, entonces también tendrán un valor real y por tanto podrá obtener algunas descargas.

6) **¡Realice una encuesta!** Use herramientas tales como www. surveymonkey.com para encuestar a su audiencia y conocer qué es lo que les gustaría ver a continuación.

Uso de las apps para contribuir con una mejor experiencia en sus pacientes

Ahora que es conciente de que sus prospectos y pacientes utilizan mucho los dispositivos móviles, es momento de que integre esas aplicaciones en su servicio al consumidor. Aunque éste no es un libro sobre proporcionar un servicio impresionante al consumidor, cada estudio que hemos visto en los últimos años demuestra que mientras mejor sea la experiencia del consumidor y el servicio que se proporcione, mayor será el número de pacientes que frecuentarán su clínica y la recomendarán a sus amigos. ¿Por qué no hacer crecer la experiencia y hacerla más placentera?

Échele un vistazo a alguno de los puntos débiles de su clínica, es decir, a las diferentes quejas que ha recibido.

Una vez que ya tenga la lista de puntos débiles, corrija tan rápido como pueda, aquellos que pueda resolver. Encuentre formas de mejorar la experiencia ya que esa es la fórmula secreta. Le sugerimos que coloque paradas de Instagram en su clínica para que las personas se tomen fotos, estaciones para comparar precios y obtener mejores evaluaciones, estaciones para cargar el teléfono y todo lo que necesite para asistir en la experiencia.

Apps en otras plataformas

Todo lo que acabamos de mencionar se enfoca en "aplicaciones para dispositivos móviles". Estas son aplicaciones que han sido desarrolladas para los dispositivos mencionados. El término app también se utiliza en aplicaciones a través de la Web o en otros dispositivos (como un ipad), por ejemplo. Mi intención no es confundirlo, yo deseo que esté conciente de que hay otras oportunidades de cómo sacarle provecho a las apps en sus estrategias de marketing digital.

Algunas ubicaciones en las que puede sacarle provecho a las Apps son:

- **En sitios web.**

- **Nuestros sitios de redes sociales** (por ejemplo, Facebook): la mayoría de los grandes sitios de redes sociales incluyen apps o add-on y todo indica que estas apps fueron creadas por un desarrollador. Lo que nos gusta de las aplicaciones de Facebook son la capacidad que tienen estas de mandar notificaciones a su lista de amigos, pero a veces esto tiende a fastidiar a mucha gente rápidamente, pero a pesar de todo, estas tienen algunos usos muy interesantes desde el punto de vista de marketing. Si ha invertido en redes sociales y está demostrando ser una fuente sólida de ganancias para su clínica, debería intentar probar generar una app para la plataforma de Facebook.

Si todavía no se ha dado cuenta de lo ventajoso y fácil que puede llegar a ser el trabajar con este sistema, nosotros le sugerimos que se enfoque en empezar por los dispositivos móviles, antes de explorar otras opciones y otras plataformas. Los dispositivos móviles son la tendencia más caliente y llegaron para quedarse.

CAPÍTULO 13

Colaboración y velocidad: la fórmula secreta del marketing en el momento

Para poder realizar un marketing efectivo, usted tiene que ser capaz de responder y actuar rápidamente. Estamos viviendo en un ambiente "egocéntrico" y en un ambiente en el que sus pacientes desean todo inmediatamente. Por ejemplo, cerca del 50 % de las personas que se quejan en las redes sociales y esperan una respuesta suya en 60 minutos o menos y más de la mitad de ellos espera lo mismo durante la tarde o los fines de semana.

Nosotros somos unos empresarios seriales; amamos empezar y hacer crecer compañías. Nuestras dos "fórmulas secretas" para cada compañía que emprendemos (o clientes que hemos ayudado) son dominar con el marketing y dominar los sistemas. El marketing y los sistemas mantendrán su clínica exitosa a través del tiempo.

Este capítulo se enfoca en la colaboración laboral. Mientras mejor sea colaborar en tiempo real, más rápido podrá responder en el momento a sus prospectos y pacientes.

Hay cientos de maneras en la que los equipos pueden colaborar, pero me he enfocado en los más importantes, aquellos que causarán la mayor diferencia en su velocidad y su nivel competitivo:

- **Chatting.**

- **Compartir documentos, archivos, audios y videos.**

- **Administración de proyectos.**

- **Teleconferencias/webinarios.**

Tenga en cuenta que las herramientas de software que recomendamos fueron usadas o se encuentran en uso por nuestras Prácticas Médicas o las de nuestros clientes. Nunca recomendaríamos una aplicación que no consideremos útil, impagable y no genere un gran retorno de la inversión (ROI). Nosotros le recomendaremos más de 15 herramientas, pero ahora, no se lo enseñaremos por el tradicional paso a paso que hemos utilizado anteriormente. En lugar de eso, vamos a proporcionarle algunos puntos específicos los cuales debe tener muy en cuenta.

Influencia del Google Apps en la colaboración (trabajo cooperativo) y velocidad de respuesta

Google apps es una colección de herramientas diseñadas y alojadas por Google. Google Apps inició con Google mail y se ha expandido drásticamente a partir de allí. Por 50 dólares al año (al momento de esta redacción), puede obtener lo siguiente:

- **Cuentas de email.**

- **Calendarios.**

- **Google drive (documentos, hojas de cálculo, formularios y presentaciones).**

- **Capacidades de chat (voz y texto).**

- **Minisitios de portales.**

- **Administración de contactos.**

- **Y mucho más...**

Ejercicio: cómo implementar Google Apps en su compañía:

Para implementar Google Apps en su compañía, siga los siguientes pasos:

1. **Regístrese.** Vaya a *www.google.com/a* y luego regístrese en Google App

2. **Verifique.** Siga los detalles técnicos sobre cómo verificar su nombre de dominio. Comúnmente, significa colocar una página en su sitio para probar que usted es el dueño del mismo.

3. **Configure.** Configure su correo electrónico. Eso incluye cambiar sus registros en donde sea que esté alojado su sitio web. Esto le indicará a su compañía de alojamiento que ahora Google está alojando su correo electrónico. Su correo será ejemplo @*tudominio.com*

4. **Cree.** Cree diferentes cuentas de usuario para todos sus empleados reales y "empleados virtuales". Tenga en mente que existe una pequeña cuota, así que ¡No se vuelva loco, pero tampoco escatime!

5. **Personalice.** Configure sus ajustes de correo, bajo la tabla de ajustes, cuando esté registrado en Google Apps.

- **Configure una firma.**

- **Enlácelo con Microsoft Outlook u otros clientes de email, de ser aplicable.**

- **Configure filtros**. En lugar de usar las carpetas tradicionales, Google mail usa algo llamado filtros. Esto le permite dirigir cualquier correo que entre de *juanaperez@ juanaperez.com* a un filtro llamado Juana Pérez.

- **Asígnele un código de color a las cosas para que tenga un acceso más sencillo.**

6. **Use la agenda.** Luego de que haya configurado el correo, siga con el calendario. Si es un usuario de Microsoft Exchange, esto le ahorrará dinero. Haga que sus empleados usen sus calendarios de Google y que los compartan. Dependiendo de su estructura empresarial, algunas personas

deberían ser capaces de ayudarlo a administrar el calendario, mientras que otras solo tendrán privilegios de visualización.

Esto, también, puede ser sincronizado con su dispositivo móvil y con Microsoft outlook.

7. **Centralice.** Haga que todos usen Google docs. Nos encantan las Apps de correo y calendario, ¡Pero adoramos Google docs! Aquí puede crear, editar y administrar lo siguiente:

- **Documentos.** (como documentos de Microsoft Word).

- **Hojas de cálculo.** (como documentos de Microsoft Excel).

- **Presentaciones.** (como documentos de Microsoft Power Point).

- **Formularios.** (Cualquier tipo de documento que necesite que sea diligenciado puede ser diseñado aquí y enviado de manera virtual).

Lo que es genial de Google docs es que múltiples personas pueden estar viendo un documento, formato, hoja de cálculo o presentación al mismo tiempo y realizar cambios los unos con los otros en vivo. Esto soluciona el problema de no tener la versión más actualizada de un documento en particular.

Estos son algunos de los usos que nosotros recomendamos (Hay miles):

- **Colaborar con su calendario de marketing.**

- **Generar reportes analíticos.**

- **Compartir documentos de la compañía, como su manual de bolsillo y políticas.**

- **Monitorear nombres de usuarios y contraseñas con hojas de cálculo.**

- **Administrar finanzas personales o mercantiles.**

- **Mantener las síntesis curriculares en un solo sitio.**

- **Solicitar períodos vacacionales, utilizando un formato de Google.**

  Asegúrese de que, luego de crear un archivo, haga clic en el enlace de compartir archivos. Invite a aquellas personas que deberían ver el archivo y a aquellas que deberían ser capaces de realizar modificaciones del mismo.

8. **Enlace.** Prepare minisitios portales. Puede configurar una cantidad ilimitada de minisitios portales y compartirlos con las personas apropiadas. Hemos hecho esto para administrar diferentes proyectos. Estos sitios portales le permitirán enlazarlo a las demás Google Apps.

9. **Saque provecho.** Saque provecho de algunas de las otras Google Apps:

   - **Móviles:** tenga algunas de sus Apps directamente en su teléfono.

   - **URL cortas de Google (como *www.tinyurl.com*):** hace que sea mucho más fácil recordar las URL.

   - **Sitios web de Google:** publique sitios web simples con facilidad.

   - **Contactos:** un gran sistema de administración de contactos que podrá mantener almacenada la información de sus contactos y actualizada de forma virtual.

10. **Hágale seguimiento.** La colaboración es tan buena como los colaboradores que usan las herramientas que tienen disponibles. Así que asegúrese de que su equipo esté utilizando al máximo sus herramientas de colaboración. No puede tener algunas personas enviando correos por email mientras que otros usen Google docs y otros utilicen el sistema de correo de Google y algunos por algún medio diferente. Su objetivo es que el 100 por ciento adopte la metodología de trabajo que desee.

Herramientas de colaboración 1

Las herramientas que se presentan a continuación no solo ayudarán a su marketing, sino que también ayudarán a su clínica en general.

Nosotros sugerimos para este fin:

- **Google hangouts:** como ya le habíamos comentado anteriormente sobre lo importante que puede ser esta herramienta para impulsar su negocio. Le recomendamos que le saque provecho a las herramientas de chat de Google. Puede usar tanto chat como Google hangouts para colaborar rápidamente con sus empleados. Existen otras opciones de chat interno que pueden ayudar a tener relaciones más eficientes internamente.

- *www.skype.com*: Remplazamos nuestros sistemas de teléfonos VOIP por Skype para generarnos grandes ahorros. Recomendamos a todos nuestros empleados, contratistas y vendedores que utilicen Skype para hablar con nosotros. Usamos el chat de texto para preguntas rápidas, voz para llamadas en conferencia y reuniones; y videos para llevar a cabo reuniones de uno a uno. También empezamos a usar una de las nuevas funciones de Skype, llamada compartir pantallas, que le permitirá ver el escritorio de alguien en tiempo real; esto convierte el programa en una solución aún mejor, es decir, un "todo en uno".

- *www.oovoo.com*: esta aplicación le permitirá chatear a través de la web con texto, voz y video. La ventaja de oovoo es que puede ver las webcams de múltiples personas en lugar de una sola.

Herramientas de colaboración 2:
compartiendo documentos, audios, videos y archivos

Como las probabilidades de que usted y todos los demás estén en la misma red son prácticamente nulas, necesita tener preparado un eje central de trabajo y unos sistemas web para poder compartir y trabajar entre todos con facilidad.

El almacenamiento digital y el compartir archivos son vitales. Necesita mantener respaldos tanto en los discos duros, como en las ubicaciones digitales. Con la función de compartir archivos, usted podrá trabajar con su equipo de compañeros (simultáneamente) en los documentos y podrá ver quién ha accedido y descargado ciertos archivos.

Algunas herramientas que se incluyen en este apartado son las siguientes:

- **Google Apps:** ya mencionada anteriormente, con esta herramienta podrá compartir y trabajar en documentos, hojas de cálculo y presentaciones, todo en un mismo lugar.

- ***www.box.net***: personalmente hemos usado esta herramienta para dos cosas. Primero, porque tenemos una cuenta en la que hacemos un respaldo de nuestro disco duro a diario. Si el cliente desea enviarnos archivos grandes (como audio o video), le pedimos que suba estos archivos a Box.net y que luego los comparta con nosotros. Hay una versión gratuita de Box.net así como una versión paga que le permitirá más espacio de almacenamiento y subidas más rápidas.

Herramientas de colaboración 3: administración de proyectos

Hay una gran cantidad de piezas móviles en lo que respecta al marketing. Monitorear cada una de estas piezas puede ser una pesadilla debido a que hay diferentes personas trabajando en lugares distintos y en momentos diferentes. Más importante aún, siempre habrá aspectos y puntos que deberán culminarse antes de poder seguir avanzando. Esto es como el juego de Jenga. Si sacan algunas piezas de aquí y allá, la torre completa puede venirse abajo. Al igual que con la colaboración por chat, usted no debería utilizar múltiples herramientas de administración y proyectos. No tiene sentido tener diferentes piezas en distintas ubicaciones.

Algunas herramientas son las siguientes:

- **Google Apps y sites:** anteriormente ya comentamos acerca de estas herramientas las cuales nos apoyarán mucho en la administración de lanzamientos de sitios webs propios, mejorados y personalizados. Es fácil de utilizar. La única desventaja es la incapacidad de fijar tareas claras con acciones de seguimiento.

• **www.attask.com**: similar en naturaleza a basecamp; attask le permite administrar múltiples proyectos, tareas y módulos de procesos de trabajos. Esta herramienta es relativamente directa y también está siendo usada por mucha de las prácticas médicas más importantes del mundo.

• **www.teamwork.com**: hemos convertido a *Teamwork. com* en el nodo central de todo lo que tenga que ver con administración de proyectos y trabajo cooperativo. Hemos visto casos de estudio de compañías que llevan a cabo prácticamente toda su operación administrativa utilizando esta herramienta. Realmente recomendamos que la revise.

Herramientas de colaboración 4: teleconferencias y webinars

Usemos las teleconferencias y webinars (asociación de las palabras web y seminario) para colaborar unos con otros, nuestros prospectos y nuestros pacientes. En términos de efectividad cuando queremos cerrar un negocio, preferimos utilizar un webinar porque nos permite proporcionar elementos visuales, lo que hace que las cosas sean más fáciles de entender.

Cuando estamos llevando a cabo presentaciones a las masas, acostumbramos usar solamente audio y llevarlas a cabo durante las tardes justamente después de la hora de almuerzo cuando estas están más dispuestas a escuchar algo mientras reposan la comida. Nosotros usamos el audio para los grandes grupos debido a que muchas personas estarán ocupadas haciendo varias cosas a la vez; se podría decir que es una gran ventaja para aquellas personas que les encanta escuchar algo de su teléfono mientras conducen. Si necesitáramos atacar puntos clave usando elementos visuales, en el transcurso de un día laboral, esas personas se perderían completamente en determinados momentos del día ya que estos elementos visuales los distraerían en sus labores.

La ventaja de hacer webinars en lugar de eventos presenciales se debe a que significa un ahorro importante en tiempo y recursos, además de minimizar las probabilidades de que algo salga mal. Con la posibilidad que ofrecen la mayoría de programas de realizar cuantos webinars desee por una misma tarifa, cualquier negocio está en condición de convertir estas herramientas en poderosos generadores de <u>leads</u> y hacer que el coste de adquisición de cada cliente sea mucho más bajo en comparación con los eventos presenciales. Hay muchos en el mercado, pero, *GOOGLE HANGOUT* y *EASY WEBINAR*, son herramientas que pueden generar muchos leads, sin necesidad de grandes inversiones.

Por ejemplo, utilizarlas para educar a las pacientes y prospectos sobre cómo afecta la menopausia su apetito sexual y su desempeño profesional. Tan fácil como mandar un mailing a su base de datos, pidiendo que se registre para un webinar con el doctor Pérez, que le explicará qué se debe tener en cuenta cuando una mujer llega a la menopausia y los secretos de la mujer adulta. Las personas interesadas se registrarán en la charla y desde la comodidad de su casa, tendrá la oportunidad de interactuar con personas incluso fuera de su ciudad. Esta herramienta está muy ligada al marketing digital y es altamente eficiente si se utiliza bien.

Algunas otras herramientas que puede usar son:

- **www.gotowebinar.com**: gotowebinar le permite hacer un puente telefónico hasta de 1000 personas y compartir su pantalla o presentación. Nosotros usamos esta herramienta cuando estamos realizando nuestras presentaciones educacionales tanto a nuestros prospectos como a los equipos de trabajo.

- **Adobe connect**: esta herramienta posee una plataforma de corte simple que es fácil de utilizar. Adobe Connect está empezando a tomar impulso en la arena de las conferencias web.

- **www.webex.com**: esta herramienta es un producto de Cisco. Compite directamente con Gotomeeting y Gotowebinar.

Empiece a colaborar "en la nube" con su equipo y será capaz de tener más ventaja que su competencia. Mientras más cosas lleve a la nube, mejor. Esto le permitirá alinear toda su compañía para que tengan el acceso a la misma información en tiempo real, por tanto tendrá más probabilidades de capitalizar el mercado potencial. ¡Suba a la nube y no mire hacia atrás!

Consejo: ¡La colaboración virtual es la forma en que se llevan a cabo los negocios hoy día!

CAPÍTULO 14

Su plan de acción: unir todo y entrar en acción

Ahora que ya está preparado con todas las herramientas es hora de poner en marcha las estrategias de marketing aprendidas y así impulsar su clínica hacia el éxito. Resumiendo todo, se puede decir que el paso final es juntarlo todo.

Algo que hemos notado es que la mayoría de los médicos tienden a emocionarse mucho con el material ofrecido en conferencias, pero uno o dos meses después estarán en el mismo sitio en el que estaban cuando escucharon la conferencia por primera vez. No deje que eso le pase a usted si no se podría considerar que usted forma parte del arte de las parálisis por análisis. Comprendo que inicialmente le será un poco complicado, pero es necesario que se enfoque en la acción y no se detenga por eso, vaya siempre por el camino correcto que este libro le ha estado enseñando.

Análisis FODA

Para fijar un camino claro de acciones y metas, es necesario saber dónde se encuentra usted actualmente (¿recuerda la revisión profunda que hizo al comienzo?), así como también su competencia. Para hacer eso, yo le recomiendo utilizar siempre el popular análisis FODA. Un análisis FODA es un acercamiento estratégico que le permite observar las Debilidades, Oportunidades, Fortalezas y Amenazas de su clínica estética. Este está diseñado para ayudarlo a ver claramente las cosas desde un punto de vista lógico para que pueda planificar de manera apropiada y precisa.

Para hacer las cosas más fáciles de entender, nosotros le explicaremos con un ejercicio el análisis FODA.

Ejercicio: cómo llevar a cabo un análisis FODA: siga estos pasos para llevar a cabo dicho análisis:

1. **Tome un pedazo de papel y dóblelo por la mitad.** Dóblelo nuevamente por la mitad de manera que tenga 4 cuadros. También puede hacer esto virtualmente si lo desea.

2. **Etiquete los 4 cuadros como Debilidades, Oportunidades, Fortalezas y Amenazas.**

3. **Haga una lista de sus pensamientos e ideas con respecto a su marketing en diferentes columnas.** Asegúrese de no dejar nada por fuera:

- **Debilidades:** ¿Qué cosas no están saliendo tan bien? ¿en qué necesita trabajar?

- **Oportunidades:** ¿En qué otras áreas ve un crecimiento potencial? ¿qué áreas deberían ser exploradas?

- **Fortalezas:** ¿En qué están sobresaliendo las cosas? ¿en qué es bueno usted? ¿Qué está saliendo bien?

- **Amenazas:** ¿Cuáles son los obstáculos con los que usted podría encontrarse? ¿cuáles son los posibles problemas o áreas con los que debería tener cuidado?

A continuación, hay unas preguntas específicas de marketing que debemos hacerle para completar mejor esta actividad:

- ¿Qué estrategias de marketing digital está usando o dejando de usar?

- ¿En qué sitios web está o no está?

- ¿Monitorea todo?

- ¿Qué tipo de información analítica está recibiendo?

- ¿Cómo está la presentación de sus materiales?

- ¿Qué retroalimentación está obteniendo de las encuestas de sus pacientes?

- ¿Cómo está su sitio web?

- ¿Qué tipo de interacción ocurre en su marketing?

- ¿Cómo está generando leads?

    Esta lista puede extenderse indefinidamente. La idea es que se haga preguntas difíciles y que luego sea honesto con las respuestas. ¿Quiere una buena mezcla entre Debilidades, Oportunidades, Fortalezas y Amenazas?

4. **Relájese.** Luego dé una primera vuelta por sus Debilidades, Oportunidades, Fortalezas y Amenazas, tómese un día y deje que las ideas se asienten.

5. **Inténtelo de nuevo.** Dele otra vuelta al análisis FODA y agregue cualquier artículo que se le haya ocurrido durante ese día de descanso.

6. **Investigue a su competencia.** Luego que tenga completo su análisis FODA, siga con sus competidores. Investigue sus principales 3 o 5 competidores y realice el mismo análisis FODA con cada uno de ellos.

    Obviamente, no tendrá la información interna como para conocer sus analíticas y datos concretos, pero existen suficientes herramientas gratuitas que le darán un poco de buena introspección. Por ejemplo, *www.alexa.com* es buena para reunir un poco de estadísticas analíticas de cualquier sitio. Solo tenga un poco de paciencia y e investigue para encontrar las cosas en la web.

Hágase las mismas preguntas que se ha hecho antes, pero esta vez, sobre su competencia. Por ejemplo:

- ¿Aómo se ve su sitio web?

- ¿Qué estrategias de marketing digital están usando?

- ¿Qué están diciendo sus pacientes o prospectos?

- ¿Qué información se puede obtener de sitios como *www. alexa.com*?

7. **Obtenga una perspectiva objetiva.** Ahora que tiene un análisis FODA de su compañía, al igual que la de algunos de sus competidores, haga que un equipo externo realice un análisis FODA para usted y su competencia. Su análisis puede estar un poco distorsionado si solo depende de su propio juicio, ya que puede que usted sea muy crítico o no lo sea lo suficiente. Ubique su capítulo de SCORE local y lléveles su información, o publíquela en un sitio como *www. upwork.com* para obtener ayuda pagada de freelancers. Sin embargo, no les muestre su trabajo. Su información necesita ser completamente reciente y sin ningún tipo de influencias.

8. **Fíjese metas.** Use esta información y cree sus propias metas inteligentes (SMART) para los próximos 3 o 6 meses.

Un ejemplo de lo que pudiera conseguir en una empresa, a través de un análisis FODA:

- *Fortalezas*:
  - Buenas revisiones y retroalimentación del producto.
  - La optimización para motores de búsqueda está teniendo un gran comienzo.
  - Los anuncios locales están asegurados y bien calificados.

- *Debilidades*:
  - En las redes sociales hace falta captación y grandes números de prospectos.
  - El tráfico desde afuera del área local es generalmente bajo.
  - La tasa de rebote es alta.

- *Oportunidades*:
  - Usar publicaciones en el blog con más frecuencia.
  - Jugadas móviles. Empiece a tomar números de teléfonos celulares.

- Se pueden agregar productos adicionales.

- Capitalizar la tendencia de videos en vivo.

- *Amenazas*:

  - Gran competencia a nivel local y nacional.

  - Cada vez aparecen más y más prácticas médicas provenientes de freelancers y de personas fuera de Estados Unidos.

  - Muchas compañías competidoras tienen mayores presupuestos para marketing o aún no han visto el video, como el mejor lugar para colocar sus dólares para marketing.

Hipotéticamente, con base en este ejemplo y usando esta información, se puede tomar mucha ventaja mejorando el sistema. En la empresa se pueden agregar varias ofertas adicionales de productos y seguramente se empezarían a generar grandes ingresos por ventas no locales por primera vez en la historia de esa empresa.

Su plan de acción en los próximos 3 a 6 meses y más allá

Es genial hablar de estrategias y formular ideas, pero otra cosa es implementarlas. No caiga en la parálisis por análisis con estas ideas de mercadeo; formule un plan de acción claro. Nos gusta identificar las metas inteligentes (SMART) y luego seguir con 3-5 artículos de acción bajo cada una de ellas. Hemos estado usando las metas SMART durante años y nos han funcionado muy bien porque no hay mucho que pueda ser interpretado o malentendido.

Ejercicio: cómo preparar metas SMART con acciones de seguimiento: para preparar sus metas SMART con acciones de seguimiento, siga los siguientes pasos:

1. **Cree sus metas. SMART.** Para empezar, no coloque más de 5 metas SMART, debido a que cada una va a ser seguida por paso de acción. Ejemplo de una **buena meta SMART**: cierre 10 000 dólares en nuevas ventas para el 31 de diciembre.

Ejemplo de una **mala meta SMART**: genere nuevas recaudaciones pronto.

De nuevo, recuerde que las metas SMART deben ser específicas, medibles, alcanzables, realistas y puntuales. Solo usted sabrá si la meta es alcanzable, teniendo en cuenta la dificultad de análisis de las variables a utilizar. Siempre fije un límite de tiempo en sus metas SMART. Sería absurdo planificar sin tener fechas específicas.

2. **Haga una lista.** Tome cada meta SMART y haga una lista de 3 a 5 acciones específicas que deba ejecutar para acercarse a su meta. Si se ha dado cuenta, cada acción que ejecute lo conducirá cada vez más a su meta SMART. Proponga metas SMART que no tengan pasos o acciones confusas que interfieran en la realización de la misma. A continuación les mostraré algunos ejemplos de metas SMART:

Meta SMART # 1: diseñar un nuevo sitio web por debajo de 10 000 dólares para el 15 de enero. Para lograr esto es necesario:

- Entrevistar a 5 firmas de diseño antes de octubre y contratar la que encaje mejor con el trabajo.

- Realizar una copia de nuestro sitio web como respaldo.

- Asignar un miembro del personal en un puesto de administrador de proyectos para atender a la firma de diseño.

Meta SMART # 2: lanzar un blog completamente diseñado para el 15 de septiembre. Para lograr esto es necesario:

- Contratar un experto de Wordpress para diseñar el blog.

- Cargar contenido en el blog antes del primero de septiembre.

- Probar el blog en diferentes navegadores y sistemas operativos para asegurarse de la compatibilidad con estos antes del 10 de septiembre.

Meta SMART # 3: realizar un análisis FODA del mercado actual para el 30 de septiembre. Para lograr esto es necesario:

- Desarrollar y enviar una encuesta al consumidor usando *www. surveymonkey.com* para el primero de septiembre.

- Analizar la retroalimentación de la encuesta al consumidor para el 10 de septiembre.

- Realizar el análisis FODA.

- Encontrar posibles mercados (no necesariamente puede encontrarlos) a partir de la información obtenida del análisis FODA.

3. **En caso de ser necesario, sus metas SMART, revise y ajuste.**Si lo requiere, usted podrá modificar los números y los tiempos, hágalo, pero asegúrese de mantener las cosas en línea con la fórmula de metas SMART.

4. **Complete las acciones para asegurarse de que logró las metas establecidas.**

CAPÍTULO 15

Más allá del marketing digital – Estrategias simples para aumentar su tasa de cierre

¿Considera que su recepcionista sabe manejar **por teléfono** situaciones con pacientes insatisfechos?

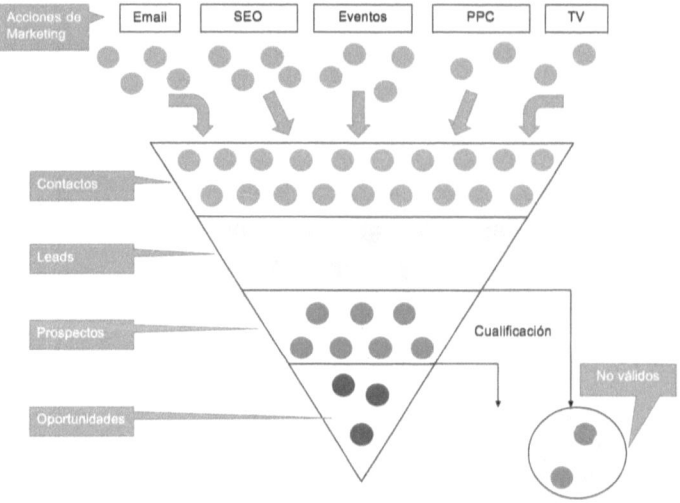

Verifique con la junta y asociaciones médicas las normas de publicidad aceptables, ya que varían dependiendo del país.

Vamos a hablar de cómo usted debería "publicitarse". Al menos, para evitar aquellos errores más recurrentes dentro de los consultorios.

La publicidad en estética ha incrementado en un 2000 % desde la década pasada y ese número se vuelve más y más grande cada año. Eso significa que un paciente en estética está sobrecargado de información. Está siendo bombardeado con mensajes que lo están confundiendo y abrumado. No sabe dónde empezar, a quién creerle o cómo responder.

Esta oleada de publicidad en estética, así como la publicidad en general, significa que se está haciendo más difícil ser escuchado. Por tanto, necesita pensar más estratégicamente acerca de sus esfuerzos de publicidad antes de invertir otro centavo.

La fragmentación de los medios

No hace mucho tiempo, se podía publicar un anuncio en su periódico local o en canal de noticias porque era ahí donde el 85 % de sus pacientes acudían a informarse. Pero, ¡Los tiempos han cambiado!, sin duda alguna hemos presenciado una revolución. Los pacientes de hoy acuden a múltiples fuentes de información. ¿Por qué? ellos; ahora están buscando la solución que más seguridad y profesionalismo les brinde.

NOTA: las estrategias que señalamos en este capítulo, se aplican a cualquier tipo de publicidad ya sea correo directo, anuncios en el periódico, banners en internet, página web o cualquier otro mensaje para atraer clientes.

Errores más comunes dentro del contenido publicitario

Aquí le presentamos los errores más comunes dentro del contenido publicitario:

Error de publicidad # 1: no conocer sus objetivos

Antes de comenzar a crear cualquier contenido publicitario, debe preguntarse a sí a mismo:

- ¿qué espera lograr con la publicidad?

- ¿está buscando reconocimiento para su marca?

- ¿Quiere ver su nombre o su marca rodeados de luces para elevar su ego? (Es muy válido, no nos tome a mal)

- ¿Quiere decirles a sus posibles pacientes todo sobre usted y la larga lista de servicios que ofrece?

- ¿Quiere que su teléfono suene todo el día con posibles pacientes interesados?

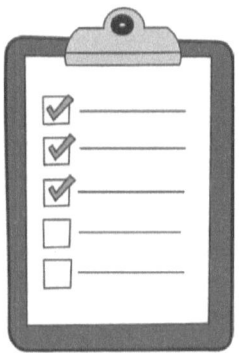

Debe saber, que esos son objetivos muy diferentes y toman diversos enfoques. Debe ser claro acerca del propósito de su anuncio. Debe ser honesto. Si solo desea verse en un anuncio o en la prensa para que sus pacientes mencionen que lo vieron y eso le haga sentir como una estrella de rock, es válido. Sin embargo, también debe saber que esto no hace que su teléfono suene todo el día.

Necesita comprometerse con su publicidad y hacer lo necesario para obtener una buena respuesta. Crear publicidad de calidad toma tiempo, dinero y paciencia. Es de pleno conocimiento por todo aquel que entiende la psicología de ventas, que es necesario una exposición continua a la misma información, para que finalmente sean empujados a tomar acción.

Porque la vida y la gente cambian. Puede que no hayan escuchado su mensaje las primeras cuatro veces, pero para la quinta puede que estén abiertos a tomar la decisión de adquirir sus servicios.

Error de publicidad # 2: ¡No ser diferente!

En el mundo loco de hoy, de interminables y embrutecedoras publicidades que vienen a los consumidores con un ritmo incesante, tiene que pensar fuera de la caja. Esto se trata de ver lo que están haciendo sus colegas ¡y luego hacer lo opuesto!.. O casi...

Porque si no lo hace y decide ir por lo seguro, obtendrá resultados seguros, pero, ¿Es eso lo que quiere? Usted quiere destacarse.

En publicidad, necesita elevarse sobre los demás para hacerse notar. Intente algo diferente. No haga lo que instintivamente quiere hacer, que es hacer lo que todos los demás estén haciendo.

¡Eso simplemente no funciona!

Error de publicidad # 3: no dirigirse a su audiencia con los medios de comunicación indicados.

No tiene sentido hacer una publicidad con el mensaje correcto hacia la audiencia correcta en el canal de medios incorrecto. Primero, defina a quién quiere dirigirse y cuál es su objetivo. Necesita saber dónde viven, su edad, sueldo, estilo de vida y dónde están.

Averigüe qué leen y a dónde van para encontrar información acerca de las tendencias de belleza y estética.

Correo Postal: si no lo hace aún, pruebe con enviar un correo directo. Un correo directo enviado a su lista de pacientes actuales crea ganancias adicionales al alentar a sus pacientes a visitarlo más a menudo, referirse a sus amigos. Es una manera más rentable de introducir nuevos productos y servicios.

Considere añadir el correo postal a sus esfuerzos de publicidad.

Aquí están algunas de sus ventajas:

- Permite orientar su mensaje a una audiencia muy específica.

- Es un medio relativamente económico ya que está muy orientado.

Nacional vs. local: entonces, ¿qué es más efectivo? ¿ser visto en la revista local de su vecindario que tiene una circulación de 2000 ejemplares o en una revista nacional que es vista por 200 000? Bueno, eso depende de su objetivo.

Si su objetivo es construir su credibilidad para que pueda ser capaz de decir "Como lo vio en (revista nacional)", adelante. Si es hacer que su teléfono suene como loco con pacientes interesados que vendrían a su oficina, piénselo dos veces y vea por el camino local porque me pregunto cuántos pacientes viajarán a través del país por un tratamiento de bótox.

Error de publicidad # 4: no usar un encabezado fuerte

El único propósito de un encabezado en un anuncio es atraer la atención de pacientes que estén interesados en sus servicios. Y el encabezado equivale al 70 % del éxito del anuncio.

Sus pacientes eligen qué quieren leer al mirar el encabezado. Si no golpean la nota correcta, se mueven al siguiente encabezado que llame su atención. Sin embargo, si el encabezado les interesa, querrán saber más.

Los mejores encabezados prometen al lector un beneficio. También, las especificaciones obtienen un mayor número de lectores que las generalidades. Por cierto, el número de personas que leen el encabezado es cinco veces mayor que las que leen el cuerpo, así que asegúrese de que el suyo sea llamativo y memorable.

Aquí hay algunos encabezados que han probado funcionar bien:

- "Asegúrese de que sus arrugas desaparezcan en minutos".

- "Retroceda el reloj tan solo 10 minutos".

- "Pueden tener una piel más firme, más suave y más joven... sin cirugía".

- "La verdad acerca de la mejora en el busto".

- "Deshágase de sus gorditos. ¡De una vez por todas!"

Si puede hacer que su audiencia se pregunte: *"¿en serio?,* ¿cómo puede hacer eso?"*, su publicidad tiene un buen encabezado. Otras estrategias que funcionan bien en los encabezados son las siguientes:

Problema-solución: hay una fórmula muy confiable usada en la publicidad llamada problema-solución. Cuéntele el problema de un paciente en forma de una historia (ya que todos aman una buena historia) y la solución que usó para resolverlo. O, incluso mejor, deje contar al paciente la historia directamente.

* ¿Consideraría la cirugía plástica?

* ¿Es usted una de ellas?

* ¿Ha visto lo que el bótox puede hacer por usted?

Este tipo de encabezados es genial. Son llamativos, interesantes y el factor de la curiosidad incitará a su audiencia a seguir leyendo. La razón por la que el precio sigue preocupando a los pacientes es porque nadie les ha dado algo más que considerar excepto el precio, así que aquí hay una idea.

Cambie su criterio de compra para que tengan en cuenta algo más que solo el precio: por ejemplo:

* 10 cosas que debería buscar al elegir un cirujano plástico.

* 7 cosas que debe saber antes de someterse a un relleno de arrugas o "Restylane"

Ahora asegúrese que pueda responder "sí" a las 10 o 7 cosas en el criterio y que la mayoría de sus competidores no pueda. Los ejemplos incluyen:

* Haber hecho un número impresionante de procedimientos.

* Administre todos los medicamentos inyectables personalmente.

* Abra tarde los sábados para conveniencia de las mujeres que trabajan.

El punto es hacer que los pacientes consideren más que sólo el precio.

Haga una pregunta: otra estrategia es atraer a su audiencia con una buena pregunta que los haga detenerse y pensar sobre ella y luego continuar leyendo su anuncio para encontrar las respuestas.

Aquí hay un ejemplo: ¿Quiere lucir joven sin cirugía?

Claude Hopkins también dijo que la publicidad efectiva está basada en la realidad de que las personas hacen cosas por sus propias razones. El nombre de su práctica es incidental para ellas porque solo se preocupan por los beneficios que puedan obtener personalmente de sus productos y servicios.

La audiencia a la que se le está haciendo publicidad siempre se hace la misma pregunta:

"¿Qué puedo ganar yo?" así que asegúrese de indicarles los beneficios de manera clara y repetitivamente. Los anuncios más exitosos están escritos en segunda persona, usando la palabra "tú o ustedes" porque a cada lector le interesan solo sus propios intereses.

Eso significa que quiere captar su autointerés. También quiere hacer el anuncio informacional dado que estos son elementos para la toma de decisiones. Si es posible déles consejo, esto resulta más convincente que escribir todo acerca de su producto o servicio.

Juegue con la curiosidad del cliente: la curiosidad tiene un atractivo emocional bastante fuerte y es uno de los incentivos más poderosos disponibles para un anunciante. Así que cuando pregunta "¿Esta mujer tuvo un estiramiento en la cara?", usa la curiosidad del lector, quien ahora quiere saber cuál es la respuesta.

Error de publicidad # 5: no usar un texto emocional fuerte.

Nunca obtendrá los resultados que quiere si no añade el "ingrediente faltante" en su mensaje: la emoción humana. Hay emociones que alientan a sus pacientes de estética a actuar o no actuar. Cada decisión en la vida está basada en la emoción. Los pacientes no toman decisiones desde un punto de vista racional, lógico. No pueden. Es imposible pensar acerca de algo sin tener un subconsciente con un fuerte plano emocional.

La lección aquí es que sus pacientes solo responderán a la publicidad que presione un botón emocional. Las frases a considerar incluyen:

- Remoción de vello con láser, nunca vuelva a sentirse avergonzado por ese vello poco atractivo.

- Con bótox, ¡se sentirá más joven y más confiado (a)!

- ¿Se encoge al mirarse en el espejo y desea poder retroceder el reloj?

Vende más cuando dice más: una cosa es segura: un cliente de estética confundido o desinformado decide no hacer nada.

Un anuncio necesita brindar la información suficiente para ser efectivo en una toma de decisiones. El anuncio que responda las preguntas del posible cliente en forma más directa, probablemente obtendrá un interesado.

Crea o no, podría escribir en forma literal casi todo lo que normalmente diría en una consulta y aun así, sería posible que el cliente lo llamara para una consulta. Este concepto de "mucho es el más contradictorio de comprender ya que es posible pensar: "hay demasiado texto. Nadie va a leer todo esto".

Esta idea ha sido probada una y otra vez y funciona: *vendes más cuando dices más.* La información es la reina. Sus posibles pacientes están buscando información acerca de preocupaciones muy específicas que tienen y es más probable que respondan a su mensaje que al de sus competidores si les da esa información.

Esto es llamado *mercadotecnia mediante educación* y los posibles pacientes están sedientos de información acerca de los procedimientos en lo que estén interesados.

Las fotografías: representan la realidad. Use fotografías siempre que pueda ya que una imagen sí vale más que 1000 palabras.

La investigación ha demostrado que los anuncios con fotografías de antes y después tienen una mejor respuesta que los que no muestran ninguna, en buena parte porque la fotografía ayuda a llamar la atención de la audiencia.

Su anuncio debe mostrar el resultado final de usar sus servicios (si es permisible en su estado). Use las fotos de pacientes reales como modelo. Pero tenga en cuenta su target a la hora de elegir las imágenes, de modo que si está intentando atraer a la chica joven para una liposucción, asegúrese de usar un paciente dentro de ese grupo de edad.

Así que, para recapitular, aquí están los elementos de un buen anuncio:

- Llamativo y diferente.

- Encabezado convincente.

- Beneficios.

- Pruebas.

- Oferta irresistible.

- Llamada a la acción clara y directa.

- Razón urgente para actuar ahora.

Aquí hay algunos ejemplos que incluyen estos elementos:

Buenos gráficos y encabezado: por cierto, es más efectivo cuando el modelo o paciente en el gráfico está mirando directamente hacia usted. Este anuncio incluye un buen encabezado, buenos gráficos y una lista de beneficios muy claros.

Otro buen anuncio que incluye beneficios son los testimonios de pacientes, sus historias.

Si quiere profundizar sobre cómo mercadear mejor, puede encontrar un entrenamiento completo disponible en nuestra web _www.esteticamarketing.com_ llamado "Todo lo que necesitas saber para montar, instalar y correr una clínica exitosa".

Error de publicidad # 6: no incluir una oferta irresistible

Este es un tema delicado para muchos de ustedes. El código de ética de su especialidad y los estatutos pueden prohibirle el "tentar" a sus pacientes con descuentos. Y puede verse reacio a "descontar" sus servicios por miedo a reducir sus costos. Sin embargo, eso no debería detenerlo de proveer creativamente una oferta especial desde su práctica y desde su personal.

El punto de la oferta especial es hacer que el lector levante la mano y diga que está interesado en la mejora estética.

La oferta es el único elemento en su publicidad que hace que el lector se detenga, lo note y actúe en lugar de esperar hasta mañana (o nunca). Ofrecer un regalo gratis con cada compra por ejemplo. Otra alternativa es ofrecer financiamiento gratuito a los pacientes para que puedan tener lo que quieren ahora en lugar de esperar. Ofrecer un libro, sea electrónico o reporte especial gratuito que eduque al posible cliente para que pueda tomar una decisión informada. No solo es más convincente, sino que se establece como la autoridad y lo diferencia de sus competidores.

Para destacarse realmente del resto, pruebe su propia práctica en un DVD lleno de información para que el consumidor conozca acerca de cada procedimiento e incluya testimonios de pacientes. Presente su personal y su oficina al espectador para que el posible cliente sienta como si lo conociera mejor y esté más cómodo planificando y manteniendo la cita.

NO venda la muestra: numerosas pruebas han mostrado que las muestras se pagan a sí mismas con ganancias incrementadas (no importa cuál sea el producto o servicio). Una muestra hace que consiga acción. Muchos más pacientes estarán atraídos a la muestra gratis y eso le da la oportunidad de conocerlos mejor para que se queden más tiempo. Por cierto, la muestra no puede estar a mitad de precio. Debe ser GRATIS.

Las muestras deben estar hechas solo para una lista muy específica de posibles pacientes que han exhibido un interés definitivo en sus servicios al atravesar varias etapas para obtenerla.

El punto es que ofrecer muestras puede ser una de las formas más rentables de publicidad disponibles.

Por ejemplo, si es su décimo aniversario, los primeros 10 en responder obtendrán 10 unidades extra de bótox. Acabará de añadir un asociado así que se le dará una tarjeta de regalo de 50 dólares para conocerlo/a; o estará introduciendo un nuevo procedimiento al que estará ofreciendo un reporte especial con un precio inicial por un tiempo muy limitado.

La palabra "gratis" siempre ha sido, continua siendo y siempre será la palabra más efectiva en publicidad y mercadotecnia. No importa quién sea. "Gratis" es una palabra mágica, así que úsela sabiamente.

En lugar de descontar sus servicios, ofrezca algo de valor de forma gratuita. De esa manera, el paciente sentirá que obtuvo una gran oferta (lo cual es cierto) y usted mantiene su margen de ganancia alto ya que no descontó ninguno de sus servicios.

Aquí está el secreto: el cliente no necesita un descuento y usted no necesita regalar la tienda, pero su oferta sí necesita ser lo suficientemente convincente para hacer que los pacientes actúen. Añadir la razón para la oferta especial es un requerimiento en la industria estética. No esté dando regalos. Debe tener una razón muy específica para hacer lo que esté haciendo.

Error # 7: no hay sentido de urgencia

Toda actividad promocional debe incluir una fecha de expiración. Las personas, en general, tienen un miedo innato a la pérdida y no querrán perderse de algo que consideren valioso. Esto se trata de generar un ambiente de escasez para que la gente se estimule a actuar con rapidez y esto se vuelva una prioridad. Ejemplos de un sentido de urgencia incluyen:

- Decir cuando expira su oferta especial.

- Hasta agotar existencias.

- Los primeros 10 en responder.

Error de publicidad # 8: no ofrecer múltiples modos de contacto

Haga fácil y cómodo el negociar con usted. Deje que los posibles pacientes decidan cómo y cuándo contactarlo al ofrecerles múltiples formas de comunicarse, además del teléfono.

Mientras puede que aún no estén listos para planificar la consulta, puede que deseen una forma menos intimidante de aprender más, así que brindarles es una ventaja comercial. Por ejemplo:

- Puede pedir su reporte especial a través del correo electrónico.

- Establecer un número especial para permitirles escuchar un mensaje amable grabado de forma gratuita para que puedan aprender más sin presión.

- Redireccionarlos a su página web y pedir que le dejen su correo electrónico.

Error de publicidad # 9: no saber qué está funcionando

No puede manejar sus costos de publicidad si no mantiene un registro de los resultados. Debe conocer sus tasas de conversión para saber si fue efectivo o no en lo que invirtió.

Aquí están algunos de los datos que necesita seguir:

- ¿Cuántas llamadas obtuvo?

- ¿Cuántas citas en el consultorio logró?

- ¿Hubo alguna conversión en compra?

- ¿Hubo algún seguimiento comercial por parte de su equipo a aquellos que parecieron interesados, pero no compraron en primera instancia?

Entonces, ¿Qué tipo de resultados debería esperar de la publicidad?: las tasas de conversión hoy están típicamente entre 0,5 y 5 %. Eso significa que si envía un mensaje a 1000 pacientes, debería esperar recibir entre 5 y 50 respuestas si diseñó un anuncio realmente bueno con todos los elementos.

¿Eso no suena muy emocionante, verdad? Pero podría serlo si lo mira en términos de lo que valen esas respuestas en dólares. Para ilustrarlo mejor, veamos el valor realista de una sola respuesta de un paciente.

Digamos que ella vino un año y gasta 2000 dólares en bótox y rellenado de arrugas. Regresa un año después por más bótox y relleno de arrugas, pero ahora quiere tratamientos de láser para preocupaciones adicionales, así que gasta 3000 dólares. Ella obtiene un gran resultado y le cuenta a su amiga, quien gasta 750 dólares y luego esa paciente le cuenta a un amigo, quien gasta 1000 dólares, etcétera, etcétera. En una expresión muy sencilla, más dinero.

El punto es que quiere ver las ganancias de la transacción inicial por la primera visita del paciente, así como las ganancias adicionales que obtiene por las visitas de regreso y los referidos, las cuales pueden formar miles de dólares.

Entonces, si solo recibió cinco respuestas por su anuncio e incluso solo 3 de ellas efectivamente se presentaron para procedimientos, podría haber sido un anuncio muy exitoso cuando se revisan los números holísticamente.

Pero, debe tener un registro de sus resultados para que sepa qué está funcionando, qué necesita ser modificado y qué necesita ser eliminado. Esas respuestas están en los datos que reúna.

Concluyamos este capítulo, con lo que hemos aprendido hasta ahora "Debe saber cómo mercadearse bien". En otras palabras, es muy importante el *copywriting*, el contenido de su comunicación. Una vez haya aprendido a comunicar adecuadamente su servicio es cuestión de tiempo para empezar a ver los resultados.

Aquí viene un listado de variables a considerar que van más allá del marketing digital.

Tenga entrenada adecuadamente a su recepcionista sobre los siguientes aspectos:

- Sea atenta y acogedora.
- Controle el tono de voz al contestar por teléfono.
- Dé opciones a quien llama.
- Presente un nuevo tratamiento o procedimiento.
- Protocolo para poner los pacientes en espera.

- Transferir llamadas.

- Tomar mensajes.

- Técnicas de relaciones.

- Contestar a la hora de almuerzo.

- Recordatorios de cita.

- Preguntas frecuentes sobre los procedimientos.

- Generalizar vs. especificar

- Devolver llamadas.

- Respuesta sobre la correspondencia y los anuncios.

- Reunir y registrar la Información de las llamadas.

- Clasificar a los usuarios.

- Promocionar al médico.

- Cotizar vía teléfono.

- Procedimientos quirúrgicos de alto costo.

- Procedimientos menos invasivos de bajo costo.

- Honorarios por consulta.

- Justificar antes de cotizar.

- Convertir la llamada en una cita.

- Manejo de objeciones.

- Política sobre las inasistencias.

- Debe tener claro como médico lo crucial que es conducir una consulta de forma adecuada. Desde su oficina, su papelería comercial, la presentación personal de su equipo, su empatía personal... Todo cuenta, todo importa. Usted es el principal producto de su práctica médica.

- Tenga un plan de referidos en su consultorio. Recuerde que cada cliente tiene el potencial de referir hasta 3 más. "El boca a boca", es y seguirá siendo la principal fuente de atracción de interesados. Lo demás depende de usted y su estrategia.

- Como "influenciador" personal de su marca, debe tener su propia campaña a favor de su nombre. Su marca personal es extremadamente importante. Para posicionarse ante su comunidad y sus pacientes como un experto. Esto requiere tiempo y planificación. No espere que pase un día tras otro. Este es el momento para iniciar.

- Tenga definido su ciclo de atención al cliente. Que sea un ciclo que no acabe en el momento de la compra. Sino que por el contrario, tenga un alto componente de valor y esté dirigido a todos los grupos: prospectos, referidos, clientes, clientes especiales o celebridades.

- Tenga estrategias claras de venta en su consultorio, tales como *"Cross selling" y "Up selling".*

- Debe saber qué están haciendo sus competidores. Ya que ese es su único valor para diferenciarse de ellos.

- Tenga su manual de objeciones listo y actualizado. Para que le ayude a manejar las insatisfacciones que surjan de cualquier negocio estético. Cuando haya insatisfacciones, recuerde dar la cara e intente dar una solución. Lo que menos les gusta a los pacientes insatisfechos es la indiferencia. Eso es: "alimentar al troll".

- En marketing digital, como en cualquier área de negocio de la empresa, necesita herramientas que lo ayuden a automatizar su gestión. Como ve, el negocio estético está lleno de detalles. Es imposible contratar a todas las personas que le gustaría. Las tecnologías están aquí para ayudarnos. Apóyese en ellas para hacer su práctica más eficiente y no se vea obligado a reinvertir su ganancia en personal innecesario.

- Si se lo puede permitir, contrate a un coordinador de pacientes cualificado, cuyas funciones principales serán velar por el ciclo de atención al cliente, velar por la satisfacción final del paciente y sus referidos, toma de decisiones y gestión del trabajo en equipo.

- Tenga claro su presupuesto comercial. Recordando que "marketing offline" (todo aquello que no sea digital), indica las estadísticas que deberían ser 3 veces superior es al marketing online. De nada sirve tener una excelente campaña de comunicación si no puede cumplir lo que promete. La incoherencia es la receta para el desastre.

- Y para finalizar, tenga un equipo continuamente motivado y entrenado. Tenga un presupuesto claro dirigido para entrenar, motivar e incentivar a su fuerza de ventas, que es finalmente su equipo de trabajo. No pretenda que todo funcione bien de un día a otro. Es un trabajo que requiere mucho tiempo, pero sobre todo planificación, constancia para así brillar en la ejecución.

Recuerde que en nuestra página web www.esteticamarketing.com tiene recursos gratuitos de apoyo que le pueden servir para el exito de su práctica. Visitenos y descargue todos los protocolos disponibles para ti.

CONCLUSIONES

Para Estética Marketing, especialmente para sus fundadores, Benito Novas y Tamara Páez es un placer haberles servido. Esperamos que esta lectura haya sido uno de los mejores tiempos invertidos en mercadeo, que jamás haya hecho.

Si necesita alguna aclaración adicional o una asesoría personalizada puede contactarnos en *info@esteticamarketing.com*. Y recuerde, "Si no esta posicionado en el mundo digital, simplemente no existe".

Con amor.

www.ingramcontent.com/pod-product-compliance
Lightning Source LLC
Chambersburg PA
CBHW021425170526
45164CB00001B/101